U0516561

文言语法

杨伯峻 著

中华书局

图书在版编目(CIP)数据

文言语法/杨伯峻著. —北京:中华书局,2016.6
(2025.7重印)
　ISBN 978-7-101-11619-9

　Ⅰ.文…　Ⅱ.杨…　Ⅲ.文言文-语法　Ⅳ.H141

中国版本图书馆 CIP 数据核字(2016)第 048537 号

书　　名	文言语法
著　　者	杨伯峻
责任编辑	张继海
封面设计	刘　丽
责任印制	陈丽娜
出版发行	中华书局
	(北京市丰台区太平桥西里 38 号　100073)
	http://www.zhbc.com.cn
	E-mail:zhbc@zhbc.com.cn
印　　刷	三河市鑫金马印装有限公司
版　　次	2016 年 6 月第 1 版
	2025 年 7 月第 13 次印刷
规　　格	开本/880×1230 毫米　1/32
	印张 10¼　插页 2　字数 220 千字
印　　数	59001-62000 册
国际书号	ISBN 978-7-101-11619-9
定　　价	40.00 元

几点说明

一、在这一本书中，著者的企图是：对文言文所常见的词法以及句法作一系统的叙述与明确的分析，并和现代语法作简明的比较，目的在帮助读者大略了解祖国语言一般变化的历史和规律，以便正确地了解古书，深刻地了解现代语法。

二、自周秦以来，文言文经过几千年的发展和变化，对它的普遍性的规律作一概括研究，是可能而且必要的。因之，本书所引句例，不限于某一时代，某些作品，但以散文为主。讲词法的时候，偶然引些诗词；因为有些词汇，尤其是虚词，文章与诗词有共同的地方。讲句法的时候，如无必要，不用诗词的句例。因为诗词的句法不能和散文相比，应该另外来谈。

三、全书分为三编：上编首先对文言语法的含义和本书编著的目的与要求作一交代，然后概述词法和句法，使读者了解本书所用的语法体系以及术语，而便于阅读中、下两编。中编讲述词法，下编讲述句法。后附索引，以便检查。

四、例句尽量从高级中学语文课本中采择，因为那些文章有很多人学习过，比较熟悉，可以不加注释。也可以做为语文教师教学上的参考。

此外，还引用了别的古书。所引用的，以周秦两汉为主，因为那是文言文的底子，但尽量避免晦涩难晓的词句。其不易避免的，便略加注释，或者译为口语。

五、说明力求简单明确，也常就古今语法的同异处作比较。但现代语法尚无公认的一致的体系，其间问题不少。本书对那些问题，除非确有必要，未加论述。即对某些古代汉语的见解，各家也不免互有同异，本书只叙述著者本人的看法，于同异之说，也因限于体例和篇幅，未便提出来讨论。

六、有些说法和例句，或者采自各位专家的著作，或者因受到他们的启发而有所得，为行文简洁计，不加注明。

七、少数例句的解说，容有和语文课本以及其他书籍的注释不尽相同的地方，著者也只申述己意，于不同意见也不加论述。

八、本书除请周祖谟先生审订外，全稿还曾请魏建功先生审阅。两位先生都曾提出宝贵意见，并此致谢。

九、著者学力有限，其中错误难免，不周详之处恐怕更多；即体例也有不一致的地方，譬如把指示词、疑问词汇集在一起讲述，而否定词仍分隶于代词、形容词、副词各章中。究竟哪一种分法对读者方便——无论哪方面的问题，都希望读者多提意见。若能再版，当作增补和修正。

著　者
一九五四年十月
北京大学中国语言文学系

目 录

上 编

中　编

下　编

上　编

第一章　绪　言

一、什么是文言语法

1·1　语法是说明语言的规律的。这本书说明反映在文言文中的语言规律，所以叫文言语法。

文言文是什么呢？

文言文是以周秦语言为基础而在各个时代的语言实际活动中所产生的书面语言，自然，从历代的文言文中，一定会适当地反映了当时的语言情况。

这话怎么讲呢？

文言文，是以周秦文作底子的。当然，在周秦时代，纪录语言是件艰巨的工作，得用刀在竹简、木片上刻划，用漆在布帛上书写，自不能不讲求最大限度的节约。可是，尽管节约，却不能改变词汇和造句法。所以，我们可以说，在周秦，语言和文字的距离是不会远的。自然，今天看来，周秦文不但是文言，而且是更为难懂的文言，但它却是当时当地活跃在大众口头的语言的投影，正和宋人的平话、元朝的《水浒》、明朝的《金瓶梅》、清朝的《红楼梦》、《儿女英雄传》是当时当地的口语的投影一样。

周秦以后,文字和语言渐渐分家。在所谓士大夫的阶层中,口头说的是活人的话,笔下写的却是死人的文章。唐宋人以周秦文为模范,明清人又拿唐宋人的古文为模范。但是,他们尽管全心全意去仿效死人,却不能不受活人的影响。这是很自然的。他们自己是活人,天天说着活人的话,脑子里的思想活动也一定要以活人的语言为基础,那么,在摇笔成文的时候,怎能禁止活人的语言向笔底侵袭呢? 这是一方面。第二方面,他们究竟没有同古人面对面地谈过话,因此对古代语言的了解,没有实践的体验,仅仅靠着几本书,而且书本也不算多,自然不可能全面和深入。于是,不能不于下笔之先,依照与当时活的语言的距离以及自己的了解程度,加一番选择和陶镕。由于这两点,便不自觉地把当时的语言情况反映出来了。

　　还有许多作品是有意运用当时的口语的。口供的纪录必须尽可能地符合原意,这是古今中外所同的。因之,我们还可以从《汉书》的《外戚传》以及《文选》的《奏弹刘整》所录的供词中略略看到西汉和南北朝口语的痕迹。王褒的《僮约》是模仿当时民间契约所作的文章,也多少运用了一些口语。此外,从唐朝的和尚开始到宋朝理学家继承的语录以及元曲且不算,主要还有两方面。一方面是作品本身来自民间,只经过所谓文人学士的加工。当文人学士加工的时候,是不能不保留大众所喜爱的语言的。另一方面,作品虽为士大夫所创作,可是采用的是人民所喜爱的文学形式,如唐人吟诗、宋人度词;而有些文人,又刻意求其作品能够得到大众的欣赏和传布,如白居易之于诗、柳永之于词,这样,他就不能不顾到活人的语言了。

从此可知,有各种各样的文言文,无论哪种,都或多或少地反映了当时语言的真实情况。我们在其中可以找出若干的语言规律来。因此,还有讲解的可能与必要。

二、怎样讲文言语法

　　1·2　怎样研究文言语法呢?

　　根据上一节的论述,最好的方法是分时代、分地区、分体裁来进行。这是一种巨大的工作。除掉这一种方法外,是不是可以不分时代、不分地区、不分体裁作概括性的研究呢? 我认为是可以的。

　　上面说过,文言文有各式各样,有的逼近于古代,有的接近于当时,总而言之,都依违于古代语言和当代语言之间。这中间大概有一个这样的标准:一方面,凡古代词汇和造句法能容易为当时人所了解所接受的,便运用得多,流传得久;不然,便很快死去。譬如,古代第一人称词有"我""吾""余""予""卬""台"等字,到后来,"我"字用得最多,"吾""余""予"次之,"卬""台"两字,就是以"文起八代之衰"著名的韩愈都不用它了。又譬如,把"谋于私族"说成"私族于谋",把"怒于室"说成"室于怒"①,这是很不平常的说法,只在《左传》和《国语》两书中见过几次,所以谁也不去摹仿它。另一方面,凡当时词汇和造句法有与传统的条例悬殊的,也不大用到书面上来。譬如宋代人也有把"吃不成这酒"说为"吃不得这酒成"的,可是,这种句法无论在

---

① 　两例都见于《左传》昭公十九年。

宋人作品或宋以后的作品中都不常见。从这一标准来看，采用古代语言或者当代语言入文，就是不同的作者，也都有一个不谋而同的最大公约数。这一个最大公约数，就是古往今来都行之无大滞碍的词汇与造句法。我们若作概括性的研究，便可以从这一最大公约数着手。

三、本书的目的和要求

1·3　写这一本书的目的何在呢？

首先要明确的，写文言语法的目的和写现代语法的目的应有不同。学习现代语法是为着"正确地使用祖国语言，为语言的纯洁和健康而斗争"；学习文言语法，却不是为着鼓励大家写好文言文。文言，曾经是祖国的活的语言，到了现在，已不再被大家广泛地运用了。因之，学习文言语法，目的是帮助大家了解祖国语言变化的历史和规律，以便正确地了解古书，深刻地了解现代语言。

从前人培养阅读古书的方法是整年的学习，成册的背诵，使自己不自觉地对古代语言熟练起来。这是愚笨的方法，不科学的方法，也是费力多而成功少的方法。今天，不知道有若干学识等待每一个人去学习，不知道有若干工作等待每一个人去担负。时间、精力对每一个人都是极宝贵的，对这一培养工作不允许花费得太多，但又希望每一个中国人都能有相当的阅读古书能力，使其能适当地了解、以至批判地接受中国的历史悠久的丰富多采的文化遗产，那又怎么办呢？唯一的方法是把那对古代语言不自觉的熟练改为自觉的理解。这样，既可以缩短培养阅读古书能力的过程，尤其可以更正确地更深刻地了解古人。这便是本书所企图达到的目的。

掌握了古代汉语的一些基本规律，便足以使读古书者不致在错综复杂的文言词句中感到无从理解之苦。

几何题目可以千变万化，几何定律却只有那么多。掌握了不多的定律，便可以演算千千万万不同的题目。同样，掌握了文言文若干有共同性的规律（第二节所说的最大公约数），也可以从时代不同的各种由文言词汇和句法所组织的具体的文字现象中得到正确的了解。再不必那么整年整册地去诵读，完全依靠熟练的训练了。因此说，学习了文言语法，可以养成对古书自觉的理解力，因而缩短了培养阅读古书能力的过程。

为什么又说尤其可以更正确地更深刻地了解古人呢？我现举出一段古书来：

> 子夏丧其子而丧其明。曾子吊之，曰："吾闻之也，朋友丧明，则哭之。"曾子哭。子夏亦哭，曰："天乎！予之无罪也——"曾子怒曰："商！女何无罪也？……"（《礼记·檀弓》）

这里，我们必须注意"予之无罪也"一句。"予之无罪也"和"予无罪也"不同。"予无罪也"是一独立的完整句，"予之无罪也"，在主语和谓语之间加了一个"之"字，依照古代语言的规律，便由独立的完整句变成不独立的子句或者分句了。因之，我们便可以看出，子夏说了"予之无罪也"以后还有下文，但曾子抱着与子夏相反的见解，听了这半句，不觉怒上心头，不等他把话说完，抢着便说："商（子夏之名）！女何无罪也？"我们懂得了古人"之"字的这一用法，曾子发怒的情况便活跃在纸上了。因之，我说自觉的理解可以帮助我们更正确更深刻地了解古人。

中国语言——更精确一点说，是汉族语言——虽然经历了以千年计的很长时期的变化，仍然是"百变不离其宗"的。譬如，以词序为主的情况并没有变，双宾语的内容和形式并没有变，连动式、兼语式的基本情况并没有变，复合句的意合法的情况并没有变。这些主要情况的稳固性，便使得文言的语法体系与现代语法的体系基本上是一致的。

所谓基本上是一致的，从另一个意义上说，其间并不是没有区别的。区别的标准是要看符合于汉语的历史情况与否。譬如，词类的区分，现代语法的专家很多把量词独立为一类。而在古代汉语中，量词不是非用不可的，而且一般是不用的；因之，这一词类在古代汉语中毫无独立的必要。小品词，现代汉语不认为是一词类，古代汉语则不然，不但用得很广泛，很经常，而且常常在语句中起改变性质的作用；不但黏附于单词，而且黏附于短语和句子，是不能轻视它的。因之，把它另立为一词类。又譬如，补语，古代汉语也有，内容却和现代汉语不同，因之我们把它纳于复杂谓语之中。其它的区别是相当多的。我认为，从古今语法的相同处，可以知道汉语的稳固性；从古今语法的相异处，可以看出我们的语言是一天天走向清晰、准确、谨严以及丰富的途径的。

根据以上几点情况，结合对本书的两点要求，本书的编着便采取了如"几点说明"所述的方针。

第二章　词法概述

一、字和词

2·1　字是声音单位,也是书写单位;词是意义单位。

一个字,可能是一个词,如"人""马";也可能不是一个词,如"蟋""萄",因为它不能表示一个意义。同样,一个词,可能只有一个字,也可能不止一个字,如"蟋蟀""葡萄"。一个词只有一个字的,叫单音词;一个词不止一个字的,叫多音词。

2·2　上古社会,人类所接触的事物比较简单,因此人类的思想也不能趋于复杂,对"互相交际,交流思想"的工具——语言——自不能要求它非常明晰而谨严;加之书写困难,不能不讲究节约,所以表现于古典作品上的,虽然仍有不少多音词,而单音词却占优势。其后社会不断进步,事物一天天繁复,人类的思想感情也日益丰富而复杂,作为"互相交际,交流思想"工具的语言自不能不力求表达清晰、准确而谨严,因而在词汇方面,不能不尽力减少歧义,避免含混,作到区别细微,这样,多音词就不能不多起来;到现代,多音词已经占绝对优势了,——这是语言发展的自然趋势。

文言中的多音词,除掉人名如"诸葛亮""文天祥",官名如"征南将军""资政殿学士"等外,几乎全部是两个音节的双音词。

二、"词"的各种概念

2·3 词的意义是"意义单位",在这一意义的基础上,它可以用于不同的场合,因而有不同的概念:

(一)单就每一个"词"的音节来分析、综合,便有"单音词"和"多音词"之分,而在文言文中,多音词又以两个音节的词占绝大多数,我们还可以别立"双音词"一名。若就每一个词的含义的繁简来分,又有"单词"、"复词"与"兼词"之别。这都是就"词"的本身所立的名称。

(二)下节我们便要谈到"词类"。词类有"名词"、"代词"、"动词"等等十种,这一些"词"的意义,是和"词类"的含义分不开的。

(三)在"词类"区分的基础上,若完全着眼于词类在语句中的职能和作用,则又有更大的分类,即实体词、区别词、述说词、关系词、语助词。又更可以归纳为"虚词""实词"两大类。这一些"词"的意义,与词类的"词"的意义相近而较为广泛。

(四)从词的意义来看,又可以把表义的性质相同的结合为一类,对讲述语言现象,尤其是讲述文言文的现象,有更大的方便。譬如把表示时间、地位的词称为时间词、地位词,把表示疑问、否定的词称为疑问词、否定词等等。它们和名词、代词、动词等等词类系统既有区别,又有关联。譬如,不能把时间词、地位词以及定位词和名词对立起来,它基本上是属于名词的；但它在语言上，无论文言或者口语，有比一般名词更为活跃的用法，就是说，它有其独自的内在规律。为着更好地阐述其内在规律，最好给它一个名称。其余如指示词、疑问词、否定词等等名称都是这样产生的。可以说，名词、代词、动词等等，在词法方面是一个完整的体系，而且是词法的基础和语法系统的中心。而时间词、地位词、定位词等等，却无所谓体系，更是不能和词类平行的东西，只是在词类的讲述方面若干补充说明而已。

（五）在讨论名词的时候，出现了"加词"这一术语；在讨论"短语"的时候，出现了"中心词"这一术语；在讨论代词的时候，出现了"先行词"这一术语。这是在分析语句时就某一些词的作用所赋予的名称。有时也把描写句的谓语称为"描写词"，也是这一用法。

这一些名称，顾名可以思义，是不容易和以上几种用法相混同的。

三、词　类

2·4　词类是词法的基础，语法系统的中心。

词类的区分应该有一定的标准。这标准不外三条：（一）依词的意义的性质来区分，就是说，依概念来区分；（二）依词与词相结合的关系来区分，就是说，依形态来区分；（三）依词在句中的地位及其作用来区分，就是说，依功能来区分。这三条是互相关联而相辅相成的。

在文言文中，单音词占优势，一词多义的现象很普遍，而且词汇的运用又很活泼，如果孤立地去看一个词，不但常常难以确定其词类,甚至常常难以确定其意义,因此,运用标准的第二条第三条以分析词类是必需的。譬如:"其妻献疑"(《列子·汤问》)的"疑"、"楚狂接舆"(《论语·微子》)的"狂","黔敖左奉食,右执饮"(《礼记·檀弓》)的"食"和"饮",若不运用标准的第二条第三条,便无法确定它是名词。

先把词的类别概略地谈谈:

2·5 (一)名词 这是表示事物名称的词。具体的事物,占一定空间,其名称固然是名词;即不占空间的抽象的事物,它的名称也是名词。"孤不度德量力,欲信(伸)大义于天下,而智术浅短,遂用猖獗,至于今日。"(《三国志·诸葛亮传》)这里的"德""力""义""智术""天下""今日"都是名词。因之,时间词和地位词,如"今""昨""昔""旦""暮""河南""河北"基本上都是名词;定位词如"上""下""东""西""内""外""前""后"也可属于名词;表示事物的单位以及表示动作量的名称的词,即量词,如"丈""尺""匹""个",尤其可以归之于名词。

2·6 (二)代词 为着避免词和语句的重复出现,做到语言的简洁清晰,代词是不可少的。代替人身的词是人称代词,如"我""尔"之类;代替事物的词是指示代词,如"彼""此"之类;代替未定的人物的词是疑问代词,如"谁""何"之类。代词不仅代替单个的事物,也可以代替事物的性质和动作,甚至还可以代替复杂的情况和思想。如"孔子曰:'苛政猛于虎也。'吾尝疑乎是。"(柳宗元:《捕蛇者说》)这一"是"字便代替"苛政猛于虎"的一种思想,一种社会情况。

2·7 （三）动词　这是用来述说一种动作和情况的词。可以分为四类。第一类如"行""走""饮""食"诸词，是表示一种动作的；又如"生""死"诸词，表示一种非主动性的活动或者由于某些活动而产生的情况；这一类是多少带有有形的活动性的动词。第二种如"知""见""闻""爱""惧""欲"诸词，是表示一种心理活动的。这是表示意念的动词。第三类如"有"字，是表示一种存在情况的，这是表示存在的动词。第四种如"是""为"诸词，是在句中只起连系作用，毫无活动性的。但从它在句中的地位与作用以及某种形态（如可以加否定副词"不"字）而论，仍和其他动词同型，所以也是动词。而"譬若""犹""似"这类词，虽比"是""为"诸词有较多的具体意义，但仍缺乏活动性，还是这一类型的动词。此外，"可""能""肯"诸词通常用于动词前，叫它助动词，附于动词后讨论。

2·8 （四）形容词　这是表示事物性质的词，如"美""恶""大""小"等等。这类词都可以加表示程度的副词如"最""甚""太"等和表示否定的副词"不"字。还有一类形容词，是由迭字构成的，如"两鬓苍苍十指黑"（白居易：《卖炭翁》）的"苍苍"，则不能加表示程度的副词，也不能加"不"字，而且这类词一般不直接加在名词上。数词在文言文用途很活，然而基本上仍是形容词。指示词、疑问词又都可以作形容性的区别词用。

2·9 （五）副词　这是表示行为、状态或者性质的特征的词，一般置于动词或者形容词之上。若加区分，可以分为九类：

一、程度副词　如"最""极""甚""太""益"之类，用于形容词之上的时候多，修饰动词，一般只置于表示意念"爱""恶""疑""思""望"（希望）诸词和表示连系的动词"是""为""似"诸词之上。如"极为神速"（沈括：《梦溪笔谈》）。

二、表态副词　这类词最多，如故意的"故"，固然的"固"。又可以用迭字，如"施施从外来"（《孟子·离娄下》）的"施施"；还有由带"然""焉"诸词构成的词，如"蒋氏大戚，汪然出涕"（柳宗元：《捕蛇者说》）的"汪然"。

三、表数副词　这类词有些可直加于动词之上，如"止印二三本"（沈括：《梦溪笔谈》）的"止"、"颜色不少变"（张溥：《五人墓碑记》）的"少"。有些还可以加于数词之上，如"道海安、如皋，凡三百里"（文天祥：《指南录后序》）的"凡"。

四、时地副词　表时副词除用时间词外，还有"始""终""将""久""暂""立即"诸字。表地副词一般用地位词和定位词，表示地点、地段和趋向。

五、否定副词　用得最多的是"不""未""非""无"诸字。

六、疑问副词　用疑问词表示，询理由或原因，询方式，多半用"何""乌""奚"诸字，询地点多半用"焉"字。反诘语气的"岂"，等于口语的"难道"；"得无"等于口语的"莫非"。

七、表敬副词　如"吾请无攻宋矣"（《墨子·公输》）的"请"，"幸来告语之"（《史记·滑稽列传补》）的"幸"，都无实义，只是表示礼貌。表示自卑的客气的有"窃""猥"诸字。

八、应对副词　只用于对话中,而且独立使用,如"然""诺"诸词。因为它是对对方的言语的一种肯定或否定,性质同于副词,所以纳于副词类。

九、命令副词　只有"尚""其"几个字,用于命令语气。

2·10　（六）介词　这是表示行为、状态与事物之间的关系的词。介词之下一般用名词,名词性短语或者代词做宾语,这宾语就是所介绍的事物。"于""以""为""与"用得最多。"于"字是一类,用得最广泛;"以""与""为"又是一类。这三个字多少带点动词性,因此可以允许副词置于其上（那副词是修饰整个谓语的）,"为"字且受有代替宾语作用的副词"相"字修饰,如"类无贵贱,徒以小大智力而相制,迭相食;非相为而生之"（《列子·说符》）。又可以和"所"字结合为"所以""所与""所为"。又可以把宾语省去。"于"字都没有这种性质。

2·11　（七）连词　连络词与词、语与语或者句与句并表示其间的关系的词。连络词与词的,"与""而""且""或"用得较多。两个名词并列的连络一般用"与",有进层的意思的一般用"且",表示抉择的用"或"。连络句与句的,并在复合句中讨论。

2·12　（八）语气词　表示语气的停顿、疑问、惊讶等等的词。"者"一般表示提示,"也"一般表示决定,"矣"一般表示完成,"乎"一般表示疑问,"耳"一般表示限止,"哉"一般表示感叹。"焉"作语气词则兼有代替作用。

2·13　（九）叹词　独立于句外表示情感的词,古人用得最多的是"呜呼"两字,既表赞叹,也表悲哀。

"唉"字《史记·项羽本纪》就有，可是古人却常写为"噫""意""譆""熙"等等。此外还有"嗟""吁""呼"等等。这些字只是自然声音的记录符号，而这些自然声音，是人类发抒感情时顺其自然表达出来的。古今虽然相去很远，但人类的这种表示感情的自然声音却不能相去很远。似乎很奇怪，为什么古人用"呜呼""吁""譆"这种声音表示感情呢？应该知道，"呜呼"古人读为"a ha"，"譆"可能读为"ai"，它们都是记录声音的符号，不过古今的读法不同了。

2·14 （十）小品词　小品词是这样的词：本身没有实在的意义，黏附于其他的词、语以及句子的时候，便能丰富那词、语、句的意义以至改变其性质。当"所"字黏附于动词、动宾短语或介词（除开"于"字）之上，结合而为一名词性短语的时候，这"所"字便是小品词。如"所有""所思""所由"等等。当"者"字黏附于形容词、动词、动宾短语之下结合而为一名词语的时候，如"大者""小者""莅事者"，这"者"字也是小品词。

当"之"字置于一句的主语和谓语之间，使这一句子变为子句或分句的时候，这"之"字也是小品词，如"秦之围邯郸，赵使平原君求救合从于楚"（《史记·平原君列传》）。其他的小品词还有"焉""然""尔"诸字。

2·15　这十种词类，从在句中的功能和作用着眼，又可以分为五大系：

（一）实体词　这是指其内容代表实体事物之词。名词和代词属于这类。数词有时也可以当实体词用。以名词为中心的短语，其作用等于实体词。带小品词"所"字"者"字的短语和"之"字的子句,其作用也等于实体词。

(二)述说词　动词是述说词,因为它常做陈述内容的主要成分,就是做谓语的主要成分。形容词作谓语的主要成分的时候,也是述说词。

(三)区别词　当形容词作修饰成分的时候是区别词,副词一般只作修饰成分,因此它是区别词。形容词和副词之有作为区别词的共同性,从这一点可以看出,它们都允许以叠字为之。"蹲石鳞鳞"(《聊斋志异·促织》)的"鳞鳞"是形容词,"奄奄待毙"(《聊斋志异·促织》)的"奄奄"却是副词了。其它的词,在文言中是不允许叠字的。

(四)关系词　介词表示某些事物和行动、状态的关系,连词表示词与词之间、语与语之间以至句与句之间的关系,介词、连词都是关系词。

(五)语助词　语气词、叹词和小品词虽然是三种各不相谋的词,却有一共同的特征:本身无具体意义,或者在语句中,或者在语句末,或者在语句外,都只起帮助语气的表达的作用。因之,仍可以合并名之曰语助词。

实体词、述说词、区别词基本上是实词,关系词、语助词则是虚词。

四、单　词

2·16　词,又可以分为单词、复词与兼词。

单词是结构单纯的词。单音词,除极少数的几个兼词以外,都是单词;可是单词却不一定是单音词。即在古代,也有许多双音名词,而且这些双音名词不能拆开,拆开便毫无意义,像"钤鏞"(大犁)"駃騠""騊駼"(都是良马)等等,自然都是单词。除此以外,很多是由叠字、双声、叠韵构成的。这类词的意义很少能从字面上去求。

叠字的,如:

独五人之皦皦,何也?(张溥:《五人墓碑记》)

奄奄待毙。蹲石鳞鳞。(《聊斋志异·促织》)

萧萧北风劲。(杜甫:《羌村三首》)

何乃太区区?(《古诗为焦仲卿妻作》)

双声(发音的声母相同)的如:

脓血流离。(《聊斋志异·促织》)

五马立踟蹰。(《古诗源·陌上桑》)

银鞍何煜爚:(辛延年:《羽林郎》)

叠韵(发音的韵部相同)的如:

彷徨瞻顾。掩口胡卢而笑。(《聊斋志异·促织》)

娉婷过我庐。(辛延年:《羽林郎》)

五、复词的并列式

2·17 复词是由两个词构成的词,它的构造自然不是单纯的,它的音节自然不止一个,因之,复词一定是多音词。文言文中的复词,2·2节已经说过,几乎全部是双音词,因此,我们可以肯定,复词是由两个词构成的词,只有极少是由两个以上的词所构成的词。

复词的构造方式大体可分为两大类,一类是并列的方式,一类是主从的方式。并列的方式又可以分为三类:一、叠词,二、同类,三、对待。

2·18 （一）叠词　叠词和叠字不同。叠字是字的重叠，叠成以后成了一个新的意义；而这新的意义，不一定能从原来的字面上找得到。譬如"萧萧"的意义，是马鸣之声，如"萧萧马鸣"（《诗经·小雅·车攻》）；"车邻邻，马萧萧，行人弓箭各在腰"（杜甫：《兵车行》）；又是寒风之声，如"风萧萧兮易水寒"（《史记·刺客列传》）"萧萧北风劲"，这种意义哪能在"萧艾"的"萧"中去找呢？即偶有从原来的字义引申得来的，也用得很活泼，还是不能被原来的字义所拘牵。譬如"区区"，"区"字固有"小"义，可是"何乃太区区"的"区区"便不能仅仅以"小"的意思来解释了。而"感君区区怀"（《古诗为焦仲卿妻作》）的"区区"，又是"爱"的意思了。叠词呢，则是就原词的意义加以繁复，对原词的意义并无变更。

所叠的词，以量词和名词为多，也不是任何名词都能重叠，能重叠的，一般是可以作为量词的名词。重叠以后，便含有"每一"或者"一切"的意义：

处处志之。（陶潜：《桃花源记》）

家家习为俗，人人迷不悟。（白居易：《买花》）

物物各自异，种种在其中。（《古诗为焦仲卿妻作》）

也有连叠两个词而含有"连绵不断"的意思的：

子子孙孙无穷匮也。（《列子·汤问》）

朝朝暮暮，阳台之下。（宋玉：《高唐赋》）

动词偶有重叠的，那表示那种动作的反复，或者从事那种行动的决心：

行行重行行，与君生别离。（《古诗十九首》）

去去勿回顾，还君老与衰。（苏轼：《别岁》）

副词的重叠,不过是增强语势:

> 执手分道去,各各还家门。(《古诗为焦仲卿妻作》)
>
> 故天下每每大乱。(《庄子·胠箧》)

2·19　（二）同类　把意义相同或者相近的字结合着用。

> 老于户牖之下。(《战国策·齐策》)
>
> 填塞门户。(《聊斋志异·促织》)
>
> 忠义暴于朝廷。(张溥:《五人墓碑记》)
>
> 状极俊健。(《聊斋志异·促织》)
>
> 自行搜觅。(同前)
>
> 水土异也。(《晏子春秋·内篇杂下》)
>
> 得璧,传之美人以戏弄臣。(《史记·廉颇蔺相如列传》)
>
> 则必餍酒肉而后反。(《孟子·离娄下》)

“水土”“酒肉”这种用法又比前几项的意义来得繁复些。假若一个人到一个新地方,而不能适应那里的自然环境,我们也可说他“不服水土”。假若两个朋友的相交,不是基于一致的理想或者共同的事业,而只是以饮食游戏相征逐,我们便说他们是“酒肉朋友”。这类复词的意义又比原来两词的本义扩大多了。

2·20　（三）对待　对待,是指意义的对待而言。两个意义相反的词结合在一起叫做对待。意义上能够相对待的,最普遍的是形容词,其次是方位词和动词,指示词只有“彼此”一例。一般名词只有少数可以如此,如“雄雌”“男女”①之类。别的词是没有可能构成对待的。

----

① 　如《礼记·礼运》:“饮食男女,人之大欲存焉。”

由对待的结合而产生的复词，又有两种情况。第一种是保持了原来的意义的。这一种情况中，又有两类。一类如：

> 沾水则高下不平。(沈括：《梦溪笔谈》)
>
> 从之利害，两言而决耳。(《史记·平原君列传》)
>
> 轻重固何如哉？(张溥：《五人墓碑记》)
>
> 今刘表新亡，二子不协，军中诸将各有彼此。(《资治通鉴》：赤壁之战)

"高下""利害""轻重""彼此"诸词都保留了原来两个单词的意义，而且不仅保留，并在原来意义的基础上形成了不可分割的一个完整意义，这意义代表了正反两方面，不容许只说一面而抛掉另一面。若抛掉一面，便不是这一复词的意义了；也不大容许其中插入一个别的词，"高下"变成"高或下"或者"高与下"，"从之利害"变成"从之利""从之害"或者"从之利或害"、"从之利与害"，"轻重"变成"轻与重"或"轻或重"。又以"军中诸将各有彼此"而论，意思是说"军中诸将各有所拥护的人"。"彼此"这一复词的构成，更比原来两个单词的意义繁复，然而只能看作一个意义单位。这便是这类复词的特点。

另一类是相反两词的结合，似乎是两个相反的词的并列，因为从意义上讲，是可以拆开来解释的。就是说，这类由两个单词所构成的复合词，仅仅保留了原来两个单词的意义而已。如：

> 文理有疏密。(沈括：《梦溪笔谈》)
>
> 安能辨我是雄雌？(《木兰辞》)
>
> 东西二阃。(文天祥：《指南录后序》)

　　　　小大之狱,虽不能察,必以情。(《左传·庄公十年》)
"文理有疏密"可以说成"文理有疏有密","安能辨我是雄雌"
则可以说成"安能辨我是雄是雌","东西二阃"可以说成"东
帅西帅","小大之狱"可以说成"小的案件大的案件"。这种结
合是较松懈的,但是非常习惯的,因此仍把它看作复词。

　　两个相反的动词所构成的复词都是保存了原有两个单词
的意义的:

　　　　以缚背刃,力下上,得绝。(柳宗元:《童区寄传》)
　　　　亦以明死生之大。(张溥:《五人墓碑记》)
　　　　出入乱尸中,舟与哨相后先。(文天祥:《指南录后序》)
　　　　成败之机,在于今日。(《资治通鉴》:赤壁之战)

　　第二种不是保存了两个单词的原有意义,而是在原有意
义的基础上产生了新的意义,并且改变原有两词的性质,由抽
象的内容变成了具体的事物:

　　　　宫妇左右莫不私王。(《战国策·齐策》)
　　　　上下颇惊动。(文天祥:《指南录后序》)
　　　　其妻问所与饮食者,则尽富贵也。(《孟子·离娄下》)
　　　　不容于远近。(张溥:《五人墓碑记》)
　　　　具以虚实告东西二阃。(文天祥:《指南录后序》)
　　　　不复料其虚实。(《资治通鉴》:赤壁之战)

"左右"是"左右之人","上下"是"上下之人","富贵"是
"富贵之人",都是代表人而言。字面上是抽象的,内容则
是具体的。与此相类,"远近"是指地而言,代表"远近的地
方";"虚实"是指情况而言,代表"虚实的情况"。这种复词
更是无法拆开的,也是不能插入任何词语的。

我们再看这一例子："而势力众寡又不可论"（《资治通鉴》：赤壁之战），"势力"是同类结构的复词，"众寡"是对待结构的复词，在这里并列在一起，同为"论"的对象，可见古人是把同类结构和对待结构同等作一个词看的。

六、复词的主从式

2·21　由主从方式所构成的复词，两个词之间的轻重是不相等的。为主的一词叫做中心词。这里又可以分为两类：一类是以中心词的意义为意义，以中心词的词性为词性的；另一类是其意义是在中心词之外，更在其余一词之外而其词性是名词的。

先讲第一类。又可分为五项：

（一）以名词为中心词，其上附以其他名词或者数词、形容词的，除"今日""去岁"等等之外，又如：

自冯瀛王始印五经以后，典籍皆为板本……先设一铁板，其上以松脂、蜡和纸灰之类冒之。（沈括：《梦溪笔谈》）

高爵显位。（张溥：《五人墓碑记》）

（二）以形容词为中心词，其上附以他词者：

极为神速。（沈括：《梦溪笔谈》）

（三）以动词为中心词，其上附以他词者：

行十余日，共粉饰之，如嫁女。（褚少孙：《史记·滑稽列传补》）——"粉饰"，粉本是名词，此处作副词用；"粉饰"变成一词，当妆饰解。

借问大将谁？（杜甫：《后出塞》）

常以身翼蔽沛公。（《史记·项羽本纪》）

今治水军八十万众,方与将军会猎于吴。(《资治通鉴》:赤壁之战)

(四)动词之下加以他词而仍作动词用者,这种结合的方式,又和一般的主从结构有些区别。

愿君即以遂备员而行矣。(《史记·平原君列传》)

吴之民方痛心焉。(张溥:《五人墓碑记》)

今以秦之强而先割十五都予赵,赵岂敢留璧而得罪于大王乎?(《史记·廉颇蔺相如列传》)

廉颇闻之,肉袒负荆,因宾客至蔺相如门谢罪。(同前)

沛公奉卮酒为寿。(《史记·项羽本纪》)

若能以吴越之众与中国抗衡,不如早与之绝。(《资治通鉴》:赤壁之战)

(五)副词性的复词构造方式有二类:

甲、以副词为中心词,其下附以小品词:

昔者吾舅死于虎。(《礼记·檀弓》)

少焉月出东山之上,徘徊斗牛之间。(苏轼:《前赤壁赋》)

既而得其尸于井,因而化怒为悲。(《聊斋志异·促织》)

"昔""顷""少""既""因"都是副词,"者""之""焉""而"都是小品词。

乙、仍以副词为中心词,而与其他的词相结合的:

自行搜觅。(同前)

操虽托名汉相,其实汉贼也。(《资治通鉴》:赤壁之战)

巨是凡人,偏在远郡,行将为人所并。(同前)

"自行"是以"自"为中心,而与"行"结合;"其实"是以"实"为中心,而与"其"结合;"行将"是以"将"为中心,而与"行"结合;都是如此结合而成复词的。

第二类又可以分为两项:

（一）动宾结构:

持戟百万。(《史记·平原君列传》)

请于当道。(张溥:《五人墓碑记》)

召有司案图。(《史记·廉颇蔺相如列传》)

"持戟"是"持戟之士","当道"是"当道之人",也可以说成"当路""当涂",都是指人而言。现代口语承袭这一用法,又加扩张,如"司机""司令",索性变成了一种职务名称;又如"屏风""戒指",则以对象的用途而称它,由动宾结构做成事物名称了。

（二）其他结构:

多行不义,必自毙。(《左传·隐公元年》)

挟匕首以备不测。(文天祥:《指南录后序》)

备他盗之出入与非常也。(《史记·项羽本纪》)

"不义"是"不义之事","不测"是"不可测度之事","非常"是"不同平常之事",这里指意外之事而言。像"非常之谋难于猝发"(张溥:《五人墓碑记》)的"非常"则是形容语了。古代言词以简略为贵,常常以某种事物的性质代替那种事物的名称,以"红"代花,以"绿"代草代叶[①],尤其是诗词中的常事。这也是以性质代事物的例子。

---

① 如柳永词:"是处红衰绿减,冉冉物华休。"又如李清照词:"知否知否,应是绿肥红瘦。"

七、虚词中的复词

2·22　以上所讲的都是实词中的复词,虚词中的复词则不必像那样细分。

介词的复词,举例如下:

> 迨及凉云起,行见寒林疏。(刘铄:《代孟冬寒气至》)
>
> 自天子以至于庶人,壹是皆以修身为本。(《礼记·大学》)
>
> 及至秦之季世,焚诗书,坑术士。(《史记·儒林列传》)
>
> 即执事代为宏撰筹之,亦岂不有如是者哉?(王宏撰:《与赵韫退书》)

连词的复词,举例如下:

> 保君父之命而享其生禄,于是乎得人;有人而校,罪莫大焉。(《左传·僖公二十三年》)
>
> 足下行天下,得此于人盖寡,乃遂能责不足于我,此真仆所汲汲求者。(韩愈:《答吕医山人书》)
>
> 凡主将之道,知理而后可以举兵,知势而后可以加兵,知节而后可以用兵。(苏洵:《心术》)
>
> 其言不让,是故哂之。(《论语·先进》)
>
> 夫环而攻之,必有得天时者矣。然而不胜者,是天时不如地利也。(《孟子·公孙丑下》)
>
> 此其大略也,若夫润泽之,则在君与子矣。(《孟子·滕文公上》)
>
> 醒时曾未得相逢,又况梦儿中?(张渊懿:《月中行》)
>
> 正使死,何所惧?况不必死耶?(《三国志·魏

志·高贵乡公纪》注引《汉晋春秋》)

　　大鹏一日同风起,搏摇直上九万里。假令风歇时下来,犹能簸却沧溟水。(李白:《上李邕诗》)

八、兼　词

　　2·23　兼词是单音词,而这单音词,意义却不简单,兼有两种不同的意义和作用。口语也有这类现象,如京语的"甭"和吴语的"覅",实是"不用""勿曾"两个词的合音,京语的"俩"和"仨"又是"两个""三个"的合并,岂不都是"一身而二任焉"的词吗? 这类当然不多,文言文中也只有可数的几个,而且大多数是合音词,只有"焉""之"两字不是合音。

　　叵,"不可"的合音:"不",副词;"可",助动词。

　　　　布目备曰:"大耳儿最叵信。"(《后汉书·吕布传》)

　　诸,"之于"的合音;"之",指示词;"于",介词。

　　　　投诸渤海之尾,隐土之北。(《列子·汤问》)

　　　　献诸抚军。(《聊斋志异·促织》)

　　诸,又"之乎"的合音;"之",指示词;"乎",语气词。

　　　　文王之囿,方七十里,有诸?(《孟子·梁惠王下》)——表疑问。

　　　　虽有粟,吾得而食诸!(《论语·颜渊》)——表感叹。

　　旃,"之焉"的合音;"之",指示词;"焉",语气词。

　　　　舍旃,舍旃!(《诗经·唐风·采苓》)——郑玄说,舍旃,舍旃,即"舍之焉,舍之焉"。

　　　　愿勉旃,毋多谈!(《汉书·杨恽传》)

曷、盍,都是"何不"的合音,"何",疑问副词;"不",否
定副词。

> 时日曷丧?予及汝偕亡!(《书经·汤誓》)——
> 这个日头何不丧亡,我同你一道死!这是夏桀自比为
> "日",当时人民诅咒他的话。

> 中心好之,曷饮食之?(《诗经·小雅·有杕之杜》)

> 颜渊季路侍。子曰:"盍各言尔志?"(《论语·公
> 冶长》)

焉,"于此""于他"的意思,"焉"这一字兼有介词与指
示词的作用。

> 是时以大中丞抚吴者为魏之私人,周公之逮所由使
> 也;吴之民方痛心焉。(张溥:《五人墓碑记》)——"痛
> 心于他"的意思。

> 昔者吾舅死于虎,吾夫又死焉,今吾子又死焉。(《礼
> 记·檀弓》)

> 后小山下怪石卧,针针丛棘,青麻头伏焉。(《聊斋志
> 异·促织》)

"之"字和"焉"有时可以互相通用,因此,"之"字便也
可作兼词,含有"于是""于他"的意思:

> 渊深而鱼生之,山深而兽往之,人富而仁义附焉。
> (《史记·货殖列传》)

这句是两个"之"字和一个"焉"字互用,意义相同:渊深,鱼就
生于那里;山深,兽就往于那里;人富,仁义就归附于他那里。

> 初,单于好汉缯絮食物。中行说曰:"匈奴人众不
> 能当汉之一郡,然所以强之者,以衣食异,无印(仰)于

汉。今单于变俗好汉物，汉物不过什二，则匈奴尽归于汉
矣。"(《汉书·匈奴传》)

"所以强之者"，等于说"所以强于他(汉)的缘故"。

"尔""然""若""云"都可作"如此"解，"如"是动词，
"此"是指示代词：

> 富岁，子弟多赖(懒)；凶岁，子弟多暴。非天之
> 降才尔殊也，其所以陷溺其心者然也。(《孟子·告子
> 上》)——"尔殊"译为口语是"如此不同"。

> 蜀卓氏寡女亡奔司马相如；贵土风俗，何以及尔乎？
> (《三国志·张裔传》)——你们那里风俗，何以竟如此呢？

> 人人皆以我为好士。然，故士至。(《荀子·大略》)

> 以若所为，求若所欲，犹缘木而求鱼也。(《孟子·梁
> 惠王上》)——以如此行为求达到如此的目的，好像缘木
> 而求鱼。

> 子之言云，又焉用盟？(《左传·襄公二十八
> 年》)——你的话如此，又何必用盟誓呢？

> 上曰：吾欲云云。(《汉书·汲黯传》)——汉武帝
> 说，我欲如此如此。

这些字都作如此解，因此，"然则"等于"如此就"。
这种用法到后来还有，不过字的写法不同了。有
"宁""能""恁""偌"诸字：

> 何物老妪，生宁馨儿！(《晋书·王衍传》)——甚
> 么样式的老太婆，生了如此的儿子！

> 天公宁底巧，剪水作冰花。(陆畅：《雪诗》)——天
> 公如此的巧，把水剪了作成冰花(雪)。

却怪青山能巧,政尔横看成岭,转面已成峰。(辛弃疾:《水调歌头》)

乾坤能大,算蛟龙岂是池中之物。(文天祥:《念奴娇》)

早知恁的难拼,悔不当初留住!(柳永:《永遇乐》)——早晓得如此难得忍受,悔不该当初没把他留住。

偌大一个少华山,恁地广阔,不信没有个獐儿兔儿?(《水浒》:第一回)

第三章　短语和句法

一、语和短语的内容

3·1　一般语法书所用带"语"字的术语的"语",有两个不同的概念,一个是"短语"的"语",如说名词语、连词语等等。一个是比短语的含义较广的"语",如"主语""谓语""宾语""补语""兼语"等等。这两个不同的概念,都是基于"语言"的"语"出发的,不过用于某一特定意义的术语上,就有不同的范畴了。"主语""谓语""宾语""补语""兼语""附加语"的"语",是从它在语句中的地位和作用着眼的。就是说,一个成分,它在语句中占什么地位,起什么作用,于是给它以什么名称。离开了语句,便无所谓"主语""谓语"等等了。主语,有时候是由"短语"充当的,可是更多的时候是由单词和复词充当的,也有时候是由句子充当的。因此,"主语""谓语"的"语"的概念是不一定和"短语"这一概念相吻合的。

至于"短语",是从由它的构成和它的意义以及它可能发生的作用着眼然后命名的。说明白一点,就是,短语是介于词和句之间的东西,它的构成一般比词复杂,它所包含的意义一般也比词丰富，但是它却不能给人以完整的意义，它还够不上说是一句话；也就是说，它不能起语言的单位的作用。从形式上看，短语不必短，有时比简单句的字数还多几倍；但从意义和作用上说，是比句子短小的。

3·2　短语有时容易和复词相混。它和复词有相同的地方，就是：在句中只起一个词的作用。但它们之间更有相异的地方：短语在句中的作用虽只相当于一个词，而其意义却不止一个词；复词在句中的作用只相当一个词，其意义只是一个词。若取由同一方式所构成的复词和短语具体比较一下，更可以明白。譬如以"愿君即以遂备员而行矣"（《史记·平原君列传》）的"备员"，和"张袂成阴，挥汗成雨"（柳宗元：《捕蛇者说》）的"张袂""挥汗"相比较，它们都是动宾结构，构造方式是相同的。但为什么说"备员"是复词而"张袂""挥汗"是短语呢？从这里可以看出两点。第一，因为复词的意义只是一个词，则所构成的两个词之间的关系是紧密的，不可拆开的。短语则不然。我们不可以说"备……员"的话，却能说"张吾之袂""挥热汗"等等。第二，由两个词构成的复词，不是人人都可以创造的，因之，复词的配合是较固定的。短语的配合则是自由的。以"备员"而论，应该把它作一个词来看，它虽然也可以和别的词相配合，如"备位"，但"备位"仍是一个复词。能和它相配的终是极有限。"张袂"则不然，凡是可以"张"的事物，其名词都能和它自由配合，因之"张袂""张伞""张目""张弓弦"无不可，而"挥汗"也如此："挥扇""挥戈"也无不可。短语的配合不是自由的吗？这就是复词和短语的区别。

二、短语的构造方式和作用

3·3　短语,从其构造方式来说,是有各种不同类型的,大概可以分为三类:

(一)联合式　这种方式最为简单,是两个以上同性质的词的并列。譬如,"蚊蚋噆肤""虎狼食肉"(《列子·说符》)"且焉置土石"(《列子·汤问》)的"蚊蚋""虎狼""土石"都是由两个名词的联合所构成的短语。这些短语,形似复词而实际上和复词不同。以"户牖"和"虎狼"相比,"户牖"是复词(参见2·19),它的内在连系较紧密,组合也较固定;"虎狼"却不如此;我们可以说"虎与狼"和"虎或狼",当中容许插入一个别的词;也可以说"虎豹""豺狼",挪动和更改一个词,而同样给人以"猛兽"的观念。

联合式短语所联合的词当中,容许用连词来起联合作用。大概实体词的联合用"与"字,如"吾与汝"(《列子·汤问》)"二袁、吕布、刘备、刘表与孤"(《资治通鉴》:赤壁之战);区别词述说词的联合用"而"字,如"美而艳"(《左传·桓公元年》)

以名词为宾语的,联合式短语以不用连词为常:

及日中则如盘盂。(《列子·汤问》)——如盘如盂。

中坐有献鱼雁者。(《列子·说符》)

生鱼鸟。(同前)

且焉置土石?(《列子·汤问》)

脱京口,趋真州、扬州、高邮、泰州、通州。(文天祥:《指南录后序》)

3·4 （二）结合式　联合式是两个以上性质相同或者相近的词平等的联合，联合而成的短语并不能改变原来的性质；就是说，由实体词联合而成的，短语仍是实体词性质；由述说词联合而成的，短语仍是述说词性质。结合式短语不同。它是由两个不同类的词不平等的结合，结合以后，性质不一定和原来相同。结合式短语又分两类：一类是黏附结构，一类是主从结构。黏附结构的短语是由小品词黏附于其他的词，并改变了原来那词的性质的短语。譬如"女亦无所思，女亦无所忆"（《木兰辞》）的"所思""所忆"是由小品词"所"字黏附于动词"思""忆"而成的短语；又如"往者不可谏，来者犹可追"（《论语·微子》）的"往者""来者"是由小品词"者"字黏附于动词"往""来"而成的短语；这几个短语都不是动词性质而改变为名词性质了。

主从结构的短语是由一个词作中心词，而由其他性质不一定相同的词作附加成分结合而成的短语。这种短语和黏附结构不同，不改变中心词的性质，而以中心词的性质为短语的性质：中心词是名词的，这短语的性质也是名词；中心词是形容词或者动词的，这种短语也是形容词或者动词。如"薄产""奇货"（《聊斋志异·促织》）中心词"产""货"都是名词，因此这些短语都是名词性短语。这种短语又可以带小品词"之"字，如"促织之戏"（《聊斋志异·促织》）"帝王之资"（《资治通鉴》：赤壁之战）。又如"最不肖"（《晏子春秋·内篇杂下》）"极狭"（陶潜：《桃花源记》），中心词"不肖""狭"都是形容词，这些短语便是形容性短语。又如"相与目笑之"（《史记·平原君列传》）"笼养之"

（《聊斋志异·促织》）的"目笑"和"笼养"，以及"往往而死者相藉也"（柳宗元：《捕蛇者说》）的"往往而死"，中心词"笑""养""死"都是动词，这些短语也都是动词性短语。

3·5 （三）组合式　组合式短语又和以上两式不同，它虽是由不同性质的词用不平等的方式所组合的，但不能说它有中心词。因之，它既不同于联合式，也不同于主从结构，更和黏附结构不相类似。它的结构又可分为主谓结构、动宾结构、介宾结构、动补结构四类。"劳苦而功高"（《资治通鉴》）的"功高"，便是主谓结构。"张袂成阴、挥汗成雨"（《晏子春秋·内篇杂下》）的"张袂""挥汗"是动宾结构，此处却作主语用；"比肩继踵而在"（《晏子春秋·内篇杂下》）的"比肩"和"继踵"也是动宾结构，此处却是副词性质。介宾结构一般是作副词性短语，如"自此，冀之南，汉之阴无陇断焉"（《列子·汤问》）的"自此"，在句中是表时间的副词性短语，而结构却是介词和宾语代词的组合。动补结构如"捕得三两头"（《聊斋志异·促织》）的"捕得"，"卷起千堆雪"（苏轼：《念奴娇》）的"卷起"，以下一动词补出上一动作的结果。

3·6 以上所讲的都是简单短语。其实短语有时的构造是相当繁复的，我们可以叫它为复杂短语。

联合式的复杂短语，一般是由结构同型或者结构虽不同型，作用一定同性的短语（结构同型的，作用一定同性）并列而成的。如：

　　　太形王屋二山……本在冀州之南，河阳之北。……
　　自此，冀之南，汉之阴无陇断焉。（《列子·汤问》）
"冀州之南，河阳之北"和"冀之南，汉之阴"都是由同型结构联合而成的复杂短语("冀州之南"等四语本身又为结合式主从结构),可是这种联合又和别的联合,在意义方面有不同的地方。一般的联合,由几个词语联合的,短语的意义仍是几个词语并列的意义,"虎狼"便是"虎"和"狼",两个猛兽;"太形王屋"便是太形山、王屋山,两座山。"冀州之南,河阳之北""冀之南,汉之阴"却是介乎"冀州"和"河阳"以及介乎"冀"和"汉"两地之中的一个地方。这种联合方式是较为不同的。平常的联合短语是不如此的:

> 以残年余力,曾不能毁山之一毛。(《列子·汤问》)
> 比肩继踵而在。(《晏子春秋·内篇杂下》)
> 毛遂按剑历阶而上。(《史记·平原君列传》)

"残年"与"余力"都是主从结构,联合为一复杂短语,这里作"以"(介词)的宾语;"比肩"和"继踵"、"按剑"和"历阶"又各为动宾结构,这里并列为一复杂短语,而作副词语用。这种短语,如用连词,一般用"而"字:

> 此百世之怨而赵之所羞。(《史记·平原君列传》)
> 劳苦而功高如此。(《史记·项羽本纪》)

"百世之怨"和"赵之所羞"都是结合式的复杂短语,两者又并列地联合起来为二短语,这里作"此"的谓语。"劳苦"和"功高"结构虽不同型,作用却同性,用"而"字联合以成短语,此处作"如此"的主语。

结合式的复杂短语,以黏附结构而论,"所"字和"者"字都可以黏附于各种复杂结构,如:

> 良人者,所仰望而终身也。(《孟子·离娄下》)
> 是时以大中丞抚吴者为魏之私人。(张溥:《五人墓

碑记》）

"仰望而终身"，"仰望"是主从结构，"终身"是动宾结构，两者虽不同型，作用却同性，"而"字联合了它们成为联合式复杂短语，"所"字又黏附其上，成为名词性短语了。"以大中丞抚吴"为介宾结构（"以大中丞"）和动宾结构（"抚吴"）组合而成的复杂短语，"者"字又黏附其下，成为名词语了。

以主从结构而论，"鸡、狗、马之血"（《史记·平原君列传》），"鸡、狗、马"便是联合式短语，用它作附加成分，因之"鸡、狗、马之血"是一复杂短语，"操蛇之神"（《列子·汤问》）则是动宾结构作附加成分所组成的复杂短语。

组合式的复杂短语譬如"由此观之"（《战国策·齐策》）"由君子观之"（《孟子·离娄下》）都是由介宾结构和动宾结构组合而成的习惯语。

3·7　总之，短语的结构是多种多样的，这里所举的不过是常见的一些。重要的不在辨明它是如何构成的，而在它是起甚么作用。由它的作用来说，起名词作用的，我们可以叫它为名词性短语，简称名词语；同样，有形容语、副词语等等。

三、句法概述

3·8　话是一句一句地说的，因之，构成语言的单位的是句子。不论句子的长短，我们对它的要求是相同的：给听者以完整的意义。如果它不能给听者以完整的意义，譬如说"孔雀"，"孔雀"怎么样呢？不知道。它给我们的只是一个意义的单位，而不是意义的整体。因之，它只能是一个词，而不能是一个句子。词只能是语句的单位，而不能是语言的单位。

如果说"孔雀东南飞",这就能使听者明白了。它便给了听者一个完整的意义,也就是说,取得了构成语言单位的条件。它便是一个句子。所以也可以说,句子是一个意义完整的陈述。

一般地说,完整的陈述须具备主语和谓语。主语是陈述的对象,上一例句的"孔雀"便是;谓语是陈述的内容,如上一例句的"东南飞"。两者结合,便可以表达一个完整的意思了。

3·9　但是,这并不是说所有具备主语和谓语的结构都是句子。有些具备了主语和谓语的结构,却不能成为独立地表达完整意思的语言单位,而只是被包含在一个更大的结构之中,而作为那更大结构的一部分。这种被包含的句子,我们叫它子句。

　　宋无罪而攻之,不可谓仁。(《墨子·公输》)
　　鲁肃闻刘表卒。(《资治通鉴》:赤壁之战)
　　沛公居山东时,贪于财货,好美姬。(《史记·项羽本纪》)
"宋无罪而攻之","宋"是主语,"无罪而攻之"是谓语,意义完整,是可以自成一句的,这里却做"不可谓仁"的主语。"刘表卒","刘表"是主语,"卒"是谓语,意义完整,也是可以自成一句的,这里却做"闻"的宾语。"沛公居山东"也如此,本自成为一句话,这里却只附加在"时"之上。因此,都是子句。

3·10　还有些句子,虽然能独立地表达一个意思,却和上下文结合得很紧,因之,它所独立地表达的意思,若离开了上下文,便不够完整。它必须和上下文结合才构成语言的单位;孤立地去看它,很难说它是语言的单位的。这类的句子,我们叫它分句。

　　橘生淮南则为橘,生于淮北则为枳。(《晏子春

秋·内篇杂下》）

　　贼二人得我,我幸皆杀之矣。(柳宗元:《童区寄传》)

　　即不为河伯娶妇,水来漂没,溺其人民。(褚少孙:
《史记·滑稽列传补》)

单独讲一句"橘生淮南则为橘",听者会奇怪,这句话是什么
意思呢? 有什么必要讲这一句呢? 必须和下一句"生于淮北
则为枳"合看,才知道说者的真正的意图。两句结构相同的分
句构成一完整句。两个"则"字作为两分句的关连词。"贼二
人得我","得我"如何呢? 意思也不够完整,必须和下一分句
"我幸皆杀之矣"结合才明白其所以然。两分句之间并没有
关连词语,在意思上却结合得很紧。"即(假若的意思)不为河
伯娶妇",谁都知道,这一句话意思并没有完,必有下文,自然
不是独立的语言单位。它们都是分句。

　　没有分句的句子,无论它有没有子句,都是简单句。带分
句的句子,叫做复合句。简单句不但难以充分地表达各人的
思想,也难以完满地叙述各种各样的情况,自然不能满足说者
和听者的要求,因之,在实际的语言中复合句是经常出现的。

　　3·11　复合句大别为两大系:一是联合句,一是偏正
句。联合句的特点是,分句与分句的关系,是并列的,或者是
连贯的,从意义和作用上着眼,其间没有一句太轻一句太重的
差别。"橘生淮南"两分句是并列的,"贼二人"两分句意思是
连贯的,分句之间的意义的轻重是差不多的。这是联合句。
"即不为河伯娶妇,水来漂没,溺其人民"这便是偏正句。两
分句之意,重在下一分句"水来漂没,溺其人民"。其间的关
系,是一主一从,是一偏一正;正句,即主句,在下;偏句,即

从句,在上。因之叫偏正句。

3·12　在实际的语言中,复合句虽然多于简单句,但复合句构成的基础还是简单句,因之,句子的分析,仍须从简单句着手。

一般的句子,主要的成分自然是主语和谓语。但由孤另另的主语和谓语简单地组合而成的句子是极少的。树木的主要成分是树身,但树木不仅树身。即是简单句,仍有其附加成分,犹如树木必有枝叶。附加成分不外两种:附加在实体词上的叫做形容性附加成分,如"美姬"的"美";附加在述说词或者区别词上的叫做副词性附加成分,如"我幸皆杀之矣"的"幸"和"皆"。

3·13　句子也有各种类型。

从结构的成分是不是完整看,一般句子应该具备主语和谓语,但也有没有主语的句子,这便叫做无主语句。如"冬十月,雨雪"(《春秋·桓公八年》)。"冬十月"只是表示时间的副词语,不是主语;"雨"是动词,"雪"是宾语。这便是无主语句。

3·14　从主语和谓语的顺序看,一般是主语在先,谓语在后,但也有谓语在先、主语在后的,如"谁欤,哭者?"(谁呢,哭的人?)(《礼记·檀弓》)这便叫做倒装句。

3·15　从句子的语气看,有直陈句、疑问句、感叹句、请求命令句四类。自然,直陈句是最为普通的句子。其次是表示询问和反问的疑问句。感叹句则不常见,因为人总不能经常在用惊讶、赞美或悲哀的语气说话。有些感叹句用各种表示感叹的词,如:"呜呼,亦盛矣哉!"(张溥:《五人墓碑记》)"呜呼"是叹词,"哉"是表感叹的语气词。有些感叹句用倒装句法,如"甚矣,汝之不惠!"(《列子·汤问》)。请求命令句,一般是没有形容性或副词性附加成分的,如"廷椽起矣!"(褚少孙:《史记·滑稽列传补》)"往矣!"(《庄子·秋水》)有时还用叹词表示呼唤:"嗟!来食!"(《礼记·檀弓》)"嗟"便是表示呼唤的叹词。而命令语气经常是很简短的句子。

3·16 从句子的性质分,有判断句、存在句、描写句和叙述句。从谓语的结构分,又有实体词谓语句、形容词谓语句、动词谓语句和子句谓语句。这两者又多半是相通的。判断句一般是有"是""为"诸义的动词或者隐含着这类动词的句子。"尔为尔,我为我"(《孟子·公孙丑上》)是判断句,"田横,齐之壮士耳"(《资治通鉴》:赤壁之战)也是判断句。存在句一般是以"有"字为主要动词或者隐含"有"字作主要动词的句子,如"庖有肥肉"(《孟子·梁惠王上》),这是以"有"字为动词的;又如"食客千人"(《列子·说符》),这是隐含"有"字作动词的。描写句一般是以形容词作谓语的句子,如"形貌昳丽"(《战国策·齐策》)。叙述句,则一般是有动作性的动词谓语句,如"燕、赵、韩、魏闻之皆朝于齐"(同前)。至于它们和四种谓语结构的关系,在句法篇中再详细讨论。

中　编

第四章　名　词

一、名词的形态　加词

4·1　名词是表示事物的名称的词类。一般的形态是，可以附加指示词、数词或数量词以及形容词。如：

> 与其杀是僮，孰若卖之？（柳宗元：《童区寄传》）

> 两小儿辩斗。(《列子·汤问》)

4·2　人名、地名等为一种特定事物的名称的名词，和一般的所谓公共名词有些不同。这种名词前人称它为独有名词。第一，这种名词，既为特定事物所独有，便不应该分别"彼""此"，自无附加指示词之必要。时代名、年号，没有加指示词的。人名、地名偶有加指示的，究竟不常见，而且另有其所以加上的道理：

> 大任有身，生此文王。维此文王，小心翼翼。(《诗经·大雅·大明》)

> 陟彼南山，言采其蕨。(《诗经·召南·草虫》)

从上面两例便可看出，可能是为着加重语气，也可能是调整字数，然后加上"此"字或"彼"字的。

4·3　其次，这种名词所表示的事物既是特定的一种，便应该"只此一家",不能容许附加数词。可是古人也有附加数词的：

> 在于王所者,长幼卑尊皆薛居州也,王谁与为不善？ 在王所者,长幼卑尊皆非薛居州也,王谁与为善？一薛居州,独如宋王何？（《孟子·滕文公下》）

> 周孔数千,无所复角其圣；贲育百万,无所复售其勇矣。（仲长统：《昌言》）

> 虽有百盎,可得而间哉？（苏轼：《晁错论》）

这一种用法,是把某种特定的人作为典型,代表与之相类的人。从前的文法（语法）书把名词分为独有名词与公共名词等几类,这就是用独有名词为公共名词了。"一薛居州"就是说"一个贤人","周孔数千""贲育百万"就是说"数千个周公孔子般的圣人""百万个孟贲夏育般的勇士","百盎"就是说"一百个像袁盎一样的进离间之言的人"。这都是古人的一种经济说法。

4·4 第三,这种名词,也很难加修饰性的形容词。普通事物有美好的,有丑恶的,同一类的事物,其中也各有特征,人也一样,所以有"好人",也有"坏人"。特定的事物、特定的人,只有一个,没有一些,附加修饰性的形容词来指明特征,区别彼此,就不容易有此必要了。如：

> 强秦之所以不敢加兵于赵者,徒以吾两人在也。

（《史记·廉颇蔺相如列传》）

"秦"上加一"强"字。这种现象在古文中,不但是不多见的,而且可加的形容词也是有限的。

4·5 人名,更难允许修饰性的形容词附加其上,但却容

易把其他名词附加其上。这种附加上的名词,我们谓之加词,或者表明籍贯与住所:

> 齐田氏祖于庭。(《列子·说符》)
>
> 北山愚公。河曲智叟。(《列子·汤问》)

或者表明身分:

> 布衣毕升。(沈括:《梦溪笔谈》)
>
> 邻人京城氏。(《列子·汤问》)
>
> 大将军廉颇。马服君赵奢之子赵括。(《史记·廉颇蔺相如列传》)

还有两者都加的:

> 楚狂接舆。(《论语·微子》)

表示籍贯的加词,可以加"之"字;表示身分的加词,不能加"之"字。因此,"楚狂接舆"只可以说为"楚之狂人接舆",不能说为"楚狂人之接舆"。

4·6 在上古,如在《易经》、《尚书》、《诗经》里,有时在名词上加一"有"字,也可说是名词的形态之一种,如:

> 有夏多罪,天命殛之。(《书经·汤誓》)——夏多罪,天命诛之。
>
> 有王虽小,元子哉!(《书经·召诰》) ——王(成王)虽然年轻,是嫡长子啦!
>
> 取彼谮人,投畀豺虎;豺虎不食,投畀有北;有北不受,投畀有昊。(《诗经·小雅·巷伯》)——"有北"即"北方","有昊"即"昊天"。"投畀有昊"谓"付与昊天制其罪"。
>
> 有虞氏未施信于民而民信之。(《礼记·檀弓》)

这种用法后代只用于朝代名,如说"有唐""有明""有清"等。

二、由形容词及动词转来的名词

4·7 形容词如果把它作为某种性质的名称看,也把它作为某种性质的名称来用,便是名词了。

> 白马之白也,无以异于白人之白也。(《孟子·告子上》)
> 徒以小大智力相制。(《列子·说符》)
> 孰知赋敛之毒有甚是蛇者乎?(柳宗元:《捕蛇者说》)
> 夺我身上暖,买尔眼前恩。(白居易:《重赋》)

"白马之白""白人之白"译为口语是"白马的那种白""白人的那一种白","那一种白"的"白"不成了名词么?"徒以小大智力相制","小大智力"四词并列,都作"以"(介词)的宾语;"智""力"是名词,"小""大"也应该看作名词。"赋敛之毒"可以说成"赋敛之为害",或者"赋敛之毒害",总之,"毒"在这里成为名词了。"夺我身上暖,买尔眼前恩"译为口语是"抢去我身上的温暖,买来你眼前的恩宠","温暖""恩宠"作了"抢去""买来"的对象,不等于某种事物的名称了么? 复词而如此用的,更容易明白:

> 子子孙孙无穷匮也。(《列子·汤问》)
> 人亦孰不欲富贵? 而独于富贵之中有私龙断焉。
> (《孟子·公孙丑下》)——"龙断"即"垄断",此处是"独占"的意思。

这类名词,从前人叫做抽象名词。

4·8 在文言文中,还有一种现象,就是把表示性质或特征的词来代表具有那种性质或特征的人与事物:

灼灼百朵红。(白居易：《买花》)

近者奉辞伐罪，旌麾南指。(《资治通鉴》：赤壁之战)

石苍黑色，多平方，少圜。(姚鼐：《登泰山记》)

"百朵红"译成口语是"百朵红花"，"花"字不能省；"伐罪"译成口语是"讨伐罪人"，"人"字不能省；"多平方，少圜"译成口语是"平方的多，圆的少"，"的"字不能省。同样，数词也可以如此用：

命夸蛾氏二子负二山，一厝朔东，一厝雍南。(《列子·汤问》)

义不杀少而杀众，不可谓知类。(《墨子·公输》)

"一"就是"一山"，"少""众"就是"少数人""多数人"。现在我们还说"少数服从多数"，把"人"字省略了。"左右""上下""富贵"都可以指人，"远近"可以指地方(详2·20)，都基于这一原则。

4·9 动词也可以如此用。或者作为一种动作或状态的名称：

此百世之怨，而赵之所羞。(《史记·平原君列传》)

夫易，彰往而知来。(《易经·系辞下》)

先天下之忧而忧，后天下之乐而乐。(范仲淹：《岳阳楼记》)

"此百世之怨"可以译为"这是一百代的仇恨"，"彰往而知来"可以译为"明白过去以推知未来"，"先天下之忧""后天下之乐"的"忧"和"乐"都可以"忧愁""快乐"去口译。因为即在现代口语中，"仇恨""过去""未来""忧愁""快乐"这类的双音词都可以作名词用，正如"批评""报告""调

查""研究"也是动词,也是名词一样,看如何用罢了。或者以一动词代表与那一种动作有关的事物:

> 殚其地之出,竭其庐之入。(柳宗元:《捕蛇者说》)
>
> 黔敖左奉食,右执饮。(《礼记·檀弓》)

"出"指"出产品","入"指"所收入的东西",我们至今还可以把"出产""收入"作名词用,这里用"出产""收入"来口译"出""入"两词最为恰当。"食"指"食物","饮"指"饮料",现代口语都必须加一名词于其下。

或者以一动词代表那一行为的主动者:

> 钩党之捕遍于天下。(张溥:《五人墓碑记》)

"捕"就是"捕人者"。因此,"持戟"可以是"持戟之士","当道"可以是"当道之人"(详2·22),现在也有"教授""警察""看护"这类名词,也正基于这一原则而构成的。

三、名词语

4·10 名词性短语简称名词语。它有各种形式:

(一)以名词为中心词,其上附以修饰成分或其下附以定位词:

> 奇货 薄产 童子业 败堵丛草处 人意中事
> (《聊斋志异·促织》)
>
> 孙权长史 (《资治通鉴》:赤壁之战)
>
> 促织之戏 数家之产 (《聊斋志异·促织》)
>
> 帝王之资 鄂县之樊口(《资治通鉴》:赤壁之战)
>
> 攻城野战之大功(《史记·廉颇蔺相如列传》)
>
> 渤海之尾 隐土之北(《列子·汤问》)

4·11 （二）区别词或述说词语之下加小品词"者"字：

子曰："足食，足兵，民信之矣。"子贡曰："必不得已而去，于斯三者何先？"（《论语·颜渊》）

二者不可得兼，舍鱼而取熊掌者也。（《孟子·告子上》）

次者吾君，次者遂。（《史记·平原君列传》）

其贤者使使贤王，不肖者使使不肖王。（《晏子春秋·内篇杂下》）

滔滔者天下皆是也。（《论语·微子》）

往者不可谏，来者犹可追。（《论语·微子》）

使来者读之，悲予志焉。（文天祥：《指南录后序》）

人取可食者而食之。（《列子·说符》）

虽欲言，无可进者。（《战国策·齐策》）

余将告于莅事者。（柳宗元：《捕蛇者说》）

即今之傫然在墓者也。（张溥：《五人墓碑记》）

往往而死者相藉也。（柳宗元：《捕蛇者说》）

遍国中无与立谈者。（《孟子·离娄下》）

是时以大中丞抚吴者为魏之私人。（张溥：《五人墓碑记》）

4·12 （三）述说词语之上加"所"字，或再加"者"字：

问女何所思？问女何所忆？女亦无所思，女亦无所忆。（《木兰辞》）

"何所思""何所忆"即"所思何事""所忆何事"。

圣人非所与熙也。（《晏子春秋·内篇杂下》）

见渔人,乃大惊,问所从来。(陶潜:《桃花源记》)

是时以大中丞抚吴者为魏之私人,周公之逮所由使也。(张溥:《五人墓碑记》)

"圣人非所与熙也"译为口语是"圣人不是和他开顽笑的人";"周公之逮所由使"是"周公之被逮的主使者"的意思;"所从来"是"起程之地"的意思,都以介词和动词连用,再加"所"字。

良人者,所仰望而终身也。(《孟子·离娄下》)

这句话的意思是"丈夫是我们仰望而终身依靠的人"。"所"字加在动宾结构上。

其妻问所与饮食者,则尽富贵也。(同前)——下文"问其与饮食者,尽富贵也",无"所"字。

"所"字之上,还可以有修饰成分,而这修饰成分一般是"所"下的动词的主动者:

吾将瞯良人之所之也。(同前)

这句话的意思是"我将侦察丈夫所去的地方"。

此百世之怨而赵之所羞。(《史记·平原君列传》)

以旌其所为。(张溥:《五人墓碑记》)

四、时间词和地位词

4·13　时间词和地位词从它的概念来论,是属于名词这一词类的,因为它是时间地点的名字。可是它的用法却相当活泼,和一般名词比较,又有其特性;就是说,又有其独自的内在规律,因之,另外提出来讨论。这两种词相同的地方很多,大半时候可以相提并论,为行文方便计,可以合称为时地词。

它既然是基本上属于名词的,便也可以用为主语。如果是直接以它为陈述对象,时地词都可以作为主语:

今是何世?(陶潜:《桃花源记》)

是岁江南旱,衢州人食人。(白居易:《轻肥》)

如果是表示"有无""出现"的存在句,地位词常常用作主语:

自此,冀之南,汉之阴,无陇断焉。(《列子·汤问》)

门下有毛遂者。(《史记·平原君列传》)

时村中来一驼背巫。(《聊斋志异·促织》)

至于时间词,是不便于认为可以作为存在句的主语的。像下面这样的句子:

庆历中有布衣毕升。(沈括:《梦溪笔谈》)

后遂无问津者。(陶潜:《桃花源记》)

今少一人。(《史记·平原君列传》)

昔有霍家奴,姓冯名子都。(辛延年:《羽林郎》)

从形式上来看,主语好像是"庆历中""后""今""昔"等词。"昔有霍家奴"和"门下有毛遂者"有什么不同呢?我认为,未尝没有区别。地位词,究竟还代表一种有具体形象的地位,地位也还占有一定的空间,在存在句中,说它"有"什么,"无"什么,"少"了什么,"出现"了什么,由逻辑上讲来,未尝不通。因此,我们可以说,在存在句中,地位词可以为主语。时间词却不然。它代表的只是不占任何空间的抽象的时间观念,说它"有"什么,"无"什么,似乎难以理解。语法自然不是逻辑,却也不能与逻辑的距离太远。像上面的四个例句,与其说时间词是主语,不如说时间词作副词用,而它们都是无主语句。

4·14 若是其他有动作性的动词谓语句,时地词都没有做任何动作的主动者的可能,自然无法作为主语。像这样的句子:

> 村中闻有此人,咸来问讯。(陶潜:《桃花源记》)

这个"村中",实指"村中之人";正如"左右"实指"左右之人"一样,不能作一般地位词看待了。

4·15 时地词既是名词,自然也可以作为其他名词的附加成分:

> 今日之事何如?(《史记·项羽本纪》)
>
> 备用肃计,进住鄂县之樊口。(《资治通鉴》:赤壁之战)
>
> 刘琦合江夏战士亦不下万人。(同前)

4·16 时地词又都可以为动词和介词的宾语。不过,时间不容易作为动作的目的物,因之,时间词作为有动作性的动词的宾语者极少见。其作为动词的宾语,一般是在有无句或者表示某件事情、某件工作的时间的句子中:

> 夫五人之死,去今之墓而葬焉,其为时止十有一月耳。(张溥:《五人墓碑记》)——这是有无句,意思是"只有十一个月而已"。
>
> 予犹记周公之被逮,在丁卯三月之望。(同前)
>
> 将军禽(擒)操,宜在今日。(《资治通鉴》:赤壁之战)

即是"在……"的句子,也可以利用介词"于"字:

> 成败之机,在于今日。(《资治通鉴》:赤壁之战)

地位词是比时间词容易为动词的宾语的:

> 操乃留征南将军曹仁、横野将军徐晃守江陵,折冲

将军乐进守襄阳,引军北还。(同前)

今操得荆州,奄有其地。(同前)

牛缺者,上地之大儒也,下之邯郸。(《列子·说符》)——"之"为动词,往也,去也。"邯郸"是"之"的宾语。

五、时地词用如副词

4·17 最普遍的现象,是以时间词和地位词来说明动作的时间地点或者历程。那就是以实体词而作副词用。用时间词表明动作的时间的,叫作时点。表示时点的词一般摆在句首:

赵惠文王十六年,廉颇为赵将,伐齐,大破之。(《史记·廉颇蔺相如列传》)

某年月日,秦王与赵王会饮,令赵王鼓瑟。(同前)

今日拒之,事更不顺。(《资治通鉴》:赤壁之战)

昨夜见军帖。旦辞爷娘去。暮宿黄河边。(《木兰辞》)

时北兵已迫修门外。(文天祥:《指南录后序》)

至少也要摆在动词之前:

臣乃今日请处囊中耳。(《史记·平原君列传》)

没有放在动词之后的。现代口语对这一传统说法没有变动。

4·18 表示时点的,除一般时间词外,还有其他短语,这类短语,读时,常须作一停顿。

未几,贾余庆等以祈请使诣北。(文天祥:《指南录后序》)

少间,帘内掷一纸出。食顷,帘动。(《聊斋志异·促织》)

相如每朝时,常称病。(《史记·廉颇蔺相如列传》)

沛公居山东时,贪于财货。(《史记·项羽本纪》)

至为河伯娶妇时,愿三老、巫祝、父老送女河上,幸来告语之。(褚少孙:《史记·滑稽列传补》)

4·19　时间词而表示动作历时的长短久暂的,叫做时段。表示时段的词放在动词之前的是偶然的现象:

自吾氏三世居是乡,积于今六十岁矣。(柳宗元:《捕蛇者说》)

一日暴之,十日寒之。(《孟子·告子上》)

而一般是摆在动词之后;若动词之后又有宾语,则又在宾语之后:

同行十二年。(《木兰辞》)

与贵酋处二十日。(文天祥:《指南录后序》)

有蒋氏者,专其利三世矣。(柳宗元:《捕蛇者说》)

4·20　地位词表示动之处所者,叫做地点。这类词如果是复音词和短语,多半在句首:

东市买骏马,西市买鞍鞯,南市买辔头,北市买长鞭。(《木兰辞》)

是岁江南旱,衢州人食人。(白居易:《轻肥》)

五步之内,相如请得以颈血溅大王矣。(《史记·廉颇蔺相如列传》)

真州逐之城门外,几彷徨死。(文天祥:《指南录后序》)

如果是单音词,则可以放在动词之上:

舜勤民事而野死,冥勤官事而水死,稷勤百穀而山死。(《国语·鲁语》)——"野死","死于野"的意思。

是故败吴于囿,又败之于没,又郊败之。(《国语·越语》)
若说话的人的重点在动作的施事者,即以施事者做主语的话,表示地点的词则移在动词后,常用"于"字介出(见后介词章的"于"),也有省"于"字的,都是句子的副词性附加成分:

　　海内大乱,将军起兵江东,刘豫州收众汉南,与曹操
　　共争天下。(《资治通鉴》:赤壁之战)

摆在不带宾语的动词之后而不用介词的,形式上便有点像宾语了:

　　将军战河北,臣战河南。(《史记·项羽本纪》)

　　4·21　表示动作的里程或距离的,叫做地段。这类词一般在动词后:

　　经北舰十余里。(文天祥:《指南录后序》)
　　虫跃去尺有咫。(《聊斋志异·促织》)

地段词是动词动作所及者,一定在动词后,作为动词的宾语:

　　时周瑜受使至鄱阳。(《资治通鉴》:赤壁之战)
　　瑜请得精兵数万人进住夏口。(同前)

如果原来有宾语的,则又在那宾语之后,又作副词之用了。

　　送女河上。(褚少孙:《史记·滑稽列传补》)
　　真州逐之城门外。(文天祥:《指南录后序》)

六、定位词

　　4·22　东、西、南、北、上、中、下、左、右、内、外、前、后等等一类的词叫作定位词,基本上是名词。它常常置于名词之后,表示时间或地位,有时也用"之"字插在名词与定位词之中。凭什么有些用"之"字,又有些不用呢? 大概规律是如此

的：（一）年号下不用"之"字：

> 庆历中。（沈括：《梦溪笔谈》）

（二）结合得紧的不用"之"字：

> 子大叔之庙在道南，其寝在道北。（《左传·昭公十八年》）
> 夺我身上暖，买尔眼前恩。（白居易：《重赋》）

（三）限于字数，限于音节而不能用者不用：

> 旦辞爷娘去，暮宿黄河边；不闻爷娘唤女声，但闻黄河流水声溅溅。且辞黄河去，暮宿黑水头；不闻爷娘唤女声，但闻燕山胡骑声啾啾。（《木兰辞》）
>
> 故垒西边，人道是三国周郎赤壁。（苏轼：《念奴娇》）

（四）句中已有"之"字，此处便不再用：

> 故今之墓中全乎为五人也。（张溥：《五人墓碑记》）

（五）在文章中（诗、词、曲除外），每一停顿，字数是偶数，易于顺口顺耳。因此，为着调节字数，"之"字有时是必要的：

> 大门之侧（《晏子春秋·内篇杂下》）
>
> 冀州之南 河阳之北（《列子·汤问》）
>
> 数月之后，时时而间进；期年之后，虽欲言，无可进者。（《战国策·齐策》）

（六）如果故意要把名词与定位词之间的关系弄得松懈些，"之"字也是必要的：

> 自此，冀之南，汉之阴，无陇断焉。（《列子·汤问》）

它又常和小品词"而"，"以"诸字结合，放在名词之下：

> 由孔子而来，至于今百有余岁。（《孟子·尽心下》）
>
> 秦自缪公以来二十余君，未尝有坚明约束者也。（《史记·廉颇蔺相如列传》）

自今日以往,既盟之后,行者无保其力,居者无惧其罪。(《左传·僖公二十八年》)

自然,也可以连在代词之后:

方里而井,井九百亩,其中为公田。(《孟子·滕文公上》)

从是以后,不敢复言为河伯娶妇。(褚少孙:《史记·滑稽列传补》)

召有司案图,指从此以往十五都予赵。(《史记·廉颇蔺相如列传》)

4·23 如果以定位词置于名词之上,便带有指示或修饰的作用:

时北兵已迫修门外。(文天祥:《指南录后序》)

即具以北虚实告东西二阃。(同前)

若用"上""中""下"诸字来表示等第,则完全是修饰作用:

乃下令:群臣吏民能面刺寡人之过者,受上赏;上书谏寡人者,受中赏;能讥于市朝,闻寡人之耳者,受下赏。(《战国策·齐策》)

遂以为上客。(《史记·平原君列传》)

4·24 地位词既可以作为存在句的主语,定位词自然也可以:

中无杂树。(陶潜:《桃花源记》)

中绘殿阁。(《聊斋志异·促织》)

内外多置小门。(归有光:《项脊轩志》)

4·25 定位词作宾语的,一般用在介词之后,与介词结合而为副词语,表示行动的地点或方向:

叫嚣乎东西,隳突乎南北。(柳宗元:《捕蛇者说》)

回车叱牛牵向北。(白居易:《卖炭翁》)

4·26 如果不用介词,直接加于动词之上,便把定位词作副词用了:

孔子东游。(《列子·汤问》)

西入秦。(《史记·廉颇蔺相如列传》)

士不外索,取于食客门下足矣。(《史记·平原君列传》)

4·27 在文言文中,不用趋向补语,譬如说"颁下命令","颁"是动词,"下"是补语,"命令"是宾语。文言不这么说,直说"下令"就行了。因此,定位词常作动词用。口语中保留这种用法的,只有"上船""下车""下令"等等说法了。

孔子下,欲与之言。(《论语·微子》)

臣乃敢上璧。(《史记·廉颇蔺相如列传》)

维扬帅下逐客之令。(文天祥:《指南录后序》)

子路从而后。(《论语·微子》)

吾所以为此者,以先国家之急而后私雠也。(《史记·廉颇蔺相如列传》)

七、量　词

4·28 量词基本上是名词,其与一般名词不同的地方是,除数词外,一般不受其他的词的修饰。现代口语,计数时,除两种情形:(1)名词本身可以为量词,即是准量词的,如"一年""六万万人":(2)成语,如"千方百计""四海一家"外,一般都要用量词。

但在文言文中,用量词的还是稀有现象。量词的起源很早,除度量词,如"亩""尺""寸""镒"等等之外,还有：

　　羔羊之皮,素丝五紽。(《诗经·召南·羔羊》)

　　皆赐玉五瑴,马三匹。(《左传·庄公十八年》)——
"瑴"即"珏"字,说文云："二玉相合为一珏"。

　　子产以帷幕九张行。(《左传·昭公十三年》)

　　负矢五十个。(《荀子·议兵篇》)

　　二枚(贝)为一朋。(《汉书·食货志》)

　　马、牛、羊、驴、橐驼七十余万头。(《汉书·西域乌孙传》)

以上"紽""瑴""匹""张""个""枚""朋""头"都是量
词,而且"匹""张""个""枚""头"诸词到现在还通行。

　　4·29　用数词,又用量词,而且直接加于名词之上像现
代口语一样的,在上古典籍中不多见：

　　如有一介臣,断断猗无他伎。(《书经·秦誓》)——
《礼记·大学》引作"若有一个臣,断断兮无他技"。

　　一箪食,一瓢饮,在陋巷,人不堪其忧,回也不改其
乐。(《论语·雍也》)

两汉以后,这种例子便渐渐多了。

　　一尺布,尚可缝；一斗粟,尚可舂；兄弟二人不相
容。(《汉书·淮南厉王传》)

　　吾不能为五斗米折腰。(《晋书·陶潜传》)

　　灼灼百朵红,戋戋五束素。(白居易：《买花》)

　　一丛深色花,十户中人赋。(同前)

　　半匹红纱一丈绫,系向牛头充炭直。(白居易：《卖
炭翁》)

　　春种一粒粟,秋收万颗子。(李绅：《悯农》)

"一尺布""一斗粟""五斗米"等是以度量词加于名词之上，其余的便是以特定量词加于名词之上。

4·30　古人若以数量词连用,多半用在名词之下：

军书十二卷。(《木兰辞》)

遂率子孙荷担者三夫。(《列子·汤问》)

复以弟子一人投河中。(褚少孙:《史记·滑稽列传补》)

换田契,强秤了麻三秤；还酒债,偷量了豆几斛。(《太平乐府》:睢景臣:《汉高祖还乡》)

杂彩三百匹,交广市鲑珍。(《古诗为焦仲卿妻作》)

4·31　如果把数量词置于名词前,则用"之"字隔开一下：

且遂闻汤以七十里之地王天下,文王以百里之壤而臣诸侯。(《史记·平原君列传》)

毛先生以三寸之舌,强于百万之师。(同前)

大王遣一介之使至赵。(《史记·廉颇蔺相如列传》)

4·32　如果数量词所修饰的名词已在上文出现,即可以量词兼代那名词：

宫中尚促织之戏……此物故非西产,有华阴令欲媚上官,以一头进……邑有成名者……即捕得三两头,又劣弱不中于款。(《聊斋志异·促织》)

4·33　对象是年龄和钱币,古文不用量词和名词,仅用数词：

十五府小吏,二十朝大夫,三十侍中郎,四十专城居。(《陌上桑》)

腰中鹿卢剑,可值千万余。(同前)

一鬟五百万,两鬟千万余。(辛延年:《羽林郎》)

4·34　在现代口语中,数目只一个的,可把"一"字省去,只用量词,文言也能如此:

片纸抛落。(《聊斋志异·促织》)

4·35　动量词古人很少用,而且起源也晚:

悲笳数声动,壮士惨不骄。(杜甫:《后出塞》)

鸡鸣外欲曙,新妇起严妆。着我绣袄裙,事事四五通。(《古诗为焦仲卿妻作》)

第五章 代 词

一、代词的作用和类别

5·1 代词的作用在于避免相同的词句的重复出现,也就是求得文章的流畅明白。这一点,古今中外的语言都是相同的。"我""你""他""别人"都是代词,这是避免人名的重复出现的。"这""那"也是代词,这是避免对于事物的名称以及各种情况各种思想的重复的叙述的。有时候一个"这"字,可以代表很长一段文章的内容。如果不用代词,而把一切要说的都具体地不嫌重三倒四地说出来,不但说者会不耐烦,听者也会不耐烦;而且说者也会说不好,听者也会反而弄得糊里糊涂的。至于"谁""甚么"这类代词,本身就不表示确定的事物,似乎是无所代的。其实它是有所代的。它所代的,就是答话者所要回答的东西,这就是它所代的具体内容。没有这一类代词,有些思想就无法表达出来。由此看来,代词便有三种类型。

（一）口语的"我""你""他",文言的"吾""尔""彼"是一类,一般代替人称[①],不代替事物,不代表复杂的情况和思

[①] 如把别的生物人格化了,自也可用人称词。如:"硕鼠硕鼠,无食我黍!三岁贯女,莫我肯顾。逝将去女,适彼乐土。"(《诗经·硕鼠》)

想；而且这类代词，一般不做限制性的区别词用。这是人称代词。

（二）口语的"这""那"，文言的"彼""此"为一类，一般代事物、代地方，有时也可以指人而言，还可以代复杂的情况和思想。不但起代替作用，还可以起指示作用。这是指示代词。而且，"这""那""彼""此"，还可以加在实体词上作形容词用，"此""斯"诸字更可加在述说词上作副词用。而在其不同的用途中又有相同的一点，就是所起的都是"指示"的作用，因之又叫它为指示词。

（三）口语的"谁""甚么"、文言的"谁""何"等词为一类，叫做疑问代词。这些词，和指示代词一样，又可以作形容词和副词用，于是又能叫它为疑问词。

二、人称代词

5·2　人称代词一般分为"自称""对称""他称"三称，其实还有己身称和旁称。

（一）自称　说话人称呼自己的代词，在古文中一般用"吾""我""余""予"诸字。

"吾""我"古音相近，"余""予"古音今音都相近。这些字，没有用作主语、宾语和领摄性的附加语的分别；不过"吾"字用为主语的时候比较多；如果用作宾语，一般只用于否定倒装的句子中，如下面所举"不吾知也"的一例。

> 吾与汝毕力平险。(《列子·汤问》)——主语
> 不吾知也。(《论语·先进》)——宾语
> 我非生而知之者。(《论语·述而》)——主语

自君别我后,人事不可量。(《古诗为焦仲卿妻作》) ——宾语

开我东阁门,坐我西阁床,脱我战时袍,着我旧时裳。(《木兰辞》) ——附加语。

余,而(尔)所嫁妇人之父也。(《左传·成公二年》)

予犹记周公之被逮,在丁卯三月之望。(张溥:《五人墓碑记》)

使来者读之,悲予志焉。(文天祥:《指南录后序》)

5·3 (二)对称 称呼听话者的代词,文言文一般用"若""女""汝""尔""而""乃"诸字。"若""女""汝""而""尔",在古代,发声相同。而且,"女""汝"和"而""尔"都是一个词的两种写法。"乃"字的发声也和它们相近。"乃"字一般用作表领属的附加语,没有用作宾语的。"而""尔"也常用作附加语,"而"字不用作宾语。

现代的"你"字,就是古代的"尔"字,"尔"字古作"尒",变作"尔",加人旁,即成"你"了。

若毒之乎?(柳宗元:《捕蛇者说》)

吾乃与而君言,汝何为者哉?(《史记·平原君列传》)

女为君子儒,毋为小人儒。(《论语·雍也》)

且而与其从辟人之士也,岂若从辟世之士哉?(《论语·微子》)

尔爱其羊,我爱其礼。(《论语·八佾》)

如或知尔,则何以哉?(《论语·先进》)——用作宾语。

必欲烹乃翁,幸分我一杯羹。(《汉书·项羽传》)

5·4 （三）他称 古文中的他称的人称代词可说本来就没有。遇到要用他称的人称代词的场合,不是重复一次名词,便是省去。重复名词的例:

> 楚左尹项伯者,项羽季父也,素善留侯张良。张良是时从沛公,项伯乃夜驰之沛公军,私见张良,具告以事,欲呼张良与俱去。(《史记·项羽本纪》)

省去的例("□□"表示省略,但所省者不一定是相同的):

> □□见渔人,乃大惊,问所从来。□□具答之。□□便要还家,设酒杀鸡作食。村中闻有此人,咸来问讯。□□自云先世避秦时乱,率妻子邑人来此绝境,不复出焉,遂与外人间隔。□□问今是何世,乃不知有汉,无论魏晋。此人一一为具言所闻。□□皆叹惋。(陶潜:《桃花源记》)

5·5 有时便借用指示词"彼"字、"夫"字:

> 彼,丈夫也;我,丈夫也。吾何畏彼哉?(《孟子·滕文公上》)

> 幸而杀彼,甚善。(柳宗元:《童区寄传》)

> 若备与彼协心,上下齐同,则宜抚安,与结盟好。(《资治通鉴》:赤壁之战)

> 夫既或治之,予何言哉?(《孟子·公孙丑下》)

"他"字古代作形容词用的多,如"他人""他日",后来才用作人称代词;"渠"字更是后起的:

> 还他马,赦汝罪。(《后汉书·方术传》)

> 他自姓刁,那得韩卢后耶?(《晋书·张天锡传》)

> 虽与府吏要,渠会永无缘。(《古诗为焦仲卿妻作》)

5·6　若用作领属性的附加语和兼语（一方面做前面那一个动词的宾语，一方面又做下面那谓语的主语，这一个名词或代词叫做兼语）以及子句的主语的，便用"其"字：

其妻献疑。（《列子·汤问》）——"其妻"，即"愚公之妻"，"其"是领属性附加语。

操蛇之神闻之，惧其不已也，告之于帝。（《列子·汤问》）——"惧其不已"，"怕他不停止移山的工作"，"他不停止"是子句，为"怕"的宾语，这里便可用"其"字。

呼河伯妇来，视其好丑。（褚少孙：《史记·滑稽列传补》）

秦王恐其破璧，乃辞谢。（《史记·廉颇蔺相如列传》）

5·7　若用作宾语，则用"之"字：

即除魏阉废祠之址以葬之。（张溥：《五人墓碑记》）——"之"代五人。

"之"字可以在同一句出现，而所代不同：

使（假使）奕秋诲二人奕，其一人专心致志，惟奕秋之为听；一人虽听之（奕秋），一心以为有鸿鹄将至，思援弓缴而射之（鸿鹄），虽与之（其一人）俱学，弗若之（其一人）矣。（《孟子·告子上》）

四个"之"字而代三种人物，不致误会，其原因在：（1）第一、二两个"之"字的先行词，即在那"之"字之前，其间没有隔绝；（2）第三个"之"字有"俱学"两字点明，自然晓得所代的是"其一人"；第四个"之"字所代的与第三个"之"字相同，两"之"字又连接得很紧，自然不会发生歧义。

"之"字，有时候在形式上是指第三者，实质上却是指说话者本人。

> 蒋氏大戚,汪然出涕曰:"君将哀而生之乎?"(柳宗元:《捕蛇者说》)

> 西门豹曰:"至为河伯娶妇时,愿三老、巫祝、父老送女河上,幸来告语之,吾亦往送女。"(褚少孙:《史记·滑稽列传补》)

> 呜呼!予之及于死者不知其几矣!……真州逐之城门外,几彷徨死。(文天祥:《指南录后序》)

"哀而生之"的"之",蒋氏自指;"幸来告语之"的"之",西门豹自指;"逐之城门外"的"之",文天祥自指。译为口语,都应译为"我"字,因为口语没有此种说法。

5·8 (四)己身称 文言的己身称有"自"和"己"两个字,而这两个字的用法是不相同的,口语却把"自"和"己"合成"自己"一词了。文言的"己"可用为主语:

> 夫仁者,己欲立而立人,己欲达而达人。(《论语·雍也》)

又可用为宾语:

> 不患人之不己知,患不知人也。(《论语·学而》)

> 祸福无不自己求之者。(《孟子·公孙丑上》)——这一个"自己"是"从自己"的意思,是介词加代词的介宾短语,和口语的"自己"不同。

还可用作领属性的附加语:

> 己所不欲,勿施于人。(《论语·颜渊》)

> 尧以不得舜为己忧,舜以不得禹、皋陶为己忧。夫以百亩之不易为己忧者,农夫也。(《孟子·滕文公上》)

"自"字则只能用作副词,无论其所指代的是动作的施事者或受事者，"自"字都要在动词之前：

　　胜相士，多者千人，寡者百数，自以为不失天下之士。(《史记·平原君列传》)

　　庐陵文天祥自序其诗，名曰指南录。(文天祥：《指南录后序》)

　　宁信度，无自信也。(《韩非子·外储说》)——"自信"等于"相信自己"。

5·9（五）旁称　和"自己"相对的人称词，口语有"别人""人家"，也偶有用"人"字的：

　　〔自由主义者〕对人是马克思主义，对己是自由主义。(毛泽东：《反对自由主义》)

文言只用"人"字，这"人"字便不是名词而是代词了。

　　人曰："何不试之以足？"(《韩非子·外储说》)

　　故垒西边，人道是三国周郎赤壁。(苏轼：《念奴娇》)

　　我之不贤与，人将拒我，如之何其拒人也(《论语·子张》)

还有用"他人"的，如：

　　以我应他人，君还何所望？(《古诗为焦仲卿妻作》)

这又是复词了。又详5·24。

三、谦称和尊称

5·10　古人虽然有一些自称的代词，为表示恭敬，在对话中常常称自己的名字以代替"我"字：

　　晏子避席对曰："婴闻之……"(《晏子春秋·内篇杂下》)

门下有毛遂者……曰："遂闻君将合从于楚……"

（《史记·平原君列传》）

不然，便用一些特定的谦称词。诸侯可以自称为"寡人""孤"：

寡人反取病焉。（《晏子春秋·内篇杂下》）

孤之有孔明，犹鱼之有水也。（《三国志·诸葛亮传》）

一般人，男的常自称"臣"，女的则自称"妾"。《左传·僖公十七年》说："男为人臣，女为人妾"，可见"臣""妾"本是"奴""婢"的意思。因此，女的也有自称"婢子"的。

今臣使楚。（《晏子春秋·内篇杂下》）

臣之妻私臣，臣之妾畏臣，臣之客欲有求于臣。（《战国策·齐策》）

君当作盘石，妾当作蒲苇。（《古诗为焦仲卿妻作》）

若晋君朝以入，则婢子夕以死。（《左传·僖公十五年》）

5·11　自称有谦称，对称便有尊称。古人常常以对方的身分来称呼他，如邹忌称齐威王为"王"（《战国策·齐策》），徐庶称刘备为"将军"（《三国志·诸葛亮传》）；但也有用其他的尊称词的：

先生处胜之门下，几年于此矣？（《史记·平原君列传》）

公相与歃此血于堂下。（同前）

以君之力，曾不能损魁父之丘。（《列子·汤问》）

君将哀而生之乎？（柳宗元：《捕蛇者说》）

然则子何为使乎？（《晏子春秋·内篇杂下》）

四、单数复数和"侪""辈""等""曹""属"诸词

5·12　古代人称代词并没有单复数的区别，"若皆罢

去"（《史记·滑稽列传补》）的"若"是指三老以及一切观者；"吾与汝毕力平险"（《列子·汤问》）的"汝"，是指"聚室而谋"的全家人：都是复数，用法和单数一样。同一"尔"字，"尔爱其羊"（《论语·八佾》的"尔"指子贡一个人，"盍各言尔志"（《论语·先进》）的"尔"却指子路、曾皙、冉有、公西华四个人。古代的多数也有加"侪""辈""等""曹""属"诸小品词的，但它却不能拿来和现代口语的"们"字相比。"侪""辈""等""曹""属"诸词也可以加在指示词之下，如：

> 陛下起布衣，以（与）此属取天下……此属畏陛下不能尽封，恐又见疑平生过失及诛，故即相聚谋反耳。（《史记·留侯世家》）

> 景帝闻之，使使尽诛此属。（《汉书·游侠传》）

"此属"等于说"这一等人"。《留侯世家》的"此属"指的是相聚而谈的官兵，《游侠传》的"此属"指的是游侠之士。总之，"侪""辈""等""曹""属"诸字，不仅表示多数，而且有"一等""一批"的意思：

> 毛遂……招十九人曰："公相与歃此血于堂下。公等录录所谓因人成事者也。"（《史记·平原君列传》）

第一个"公"字也是代十九人，不加"等"字，"公等录录"才加"等"字，意思就是"你们这班人录录无能"。下面的例子都可以作如此解：

> 吾侪小人皆有阖庐以辟（避）燥湿寒暑。（《左传·襄公十七年》）

> 上（指汉武帝）以若曹无益于县官（县官指皇帝，此处可译为国家），今欲尽杀若曹。（《汉书·东方朔传》）

雍齿尚为侯,我属无患矣。(《史记·留侯世家》)

如果要特别说明人数,在人称词之后还可以加数量词:

强秦之所以不敢加兵于赵者,徒以吾两人在也。

(《史记·廉颇蔺相如列传》)

独卿与子敬与孤同耳,此天以卿二人赞孤也。(《资治通鉴》:赤壁之战)

名词之下加"等"字的以及再加数量词的也是这种意思:

关羽张飞等不悦。(《三国志·诸葛亮传》)

与樊哙、夏侯婴、靳强、纪信等四人持剑盾步走。

(《史记·项羽本纪》)

"关羽张飞等"不是"关羽张飞以及其他的人"的意思,而是"关羽张飞这两人"的意思。

五、"我"的扩张用法

5·13　自称为"我",称自己的国家也可以为"我",称自己的政府和军队也可以为"我",这是"我"的扩张用法:

十年春,齐师伐我。(《左传·庄公十年》)——"我"指鲁国,现在应该讲"我国"。

楚人谋徙于阪高。蔿贾曰:"不可;我能往,寇亦能往。"(《左传·文公十六年》)

现在说"敌进我退,敌驻我扰,敌疲我打,敌退我追",这几个"我"字,也是这一扩张用法。

六、作代词用的指示词

5·14　指示词作代词的叫做指示代词,作形容词的叫做指示形容词,也还有作副词用的。作代词和副词的,并有指示与代替两种作用;作形容词的,只有指示作用而无代替作用了。

指示代词不仅代人,而且多半用以代事物代地方。

(一)近指　所要指的人以及事物、地方与说话者距离较近的用近指,文言常用的是"此""是""斯""兹"诸字:

巫行视人家女好者,云:"是当为河伯妇。"(褚少孙:《史记·滑稽列传补》)——代人

子谓颜渊曰:"用之则行,舍之则藏,唯我与尔有是夫!"(《论语·述而》)——代事

富贵不能淫,贫贱不能移,威武不能屈,此之谓大丈夫。(《孟子·滕文公下》)——代事

彼一时,此一时也。(《孟子·公孙丑下》)——代时

时北兵已迫修门外,战、守、迁皆不及施。……国事至此,予不得爱身。(文天祥:《指南录后序》)——代情况

而五人亦得以加其土封,列其姓名于大堤之上,凡四方之士无有不过而拜且泣者,斯固百世之遇也。(张溥:《五人墓碑记》)

金陵为帝王之州,自六朝迄于南唐,类皆偏据一方,无以应山川之王气。逮我皇帝定鼎于兹,始足以当之。(宋濂:《阅江楼记》)——代地方

从以上例句我们可以看出几点:(一)"是""此""斯""兹"诸字,都和口语的"这"字相当,也都可以做主语、宾语。(二)译为口语的时候,则须分别情况翻译为"这""这个""这里"或者"这样"。大概代人和代事物的可译为"这"或

"这个"，代地方的则应译为"这里"，代情况的则应译为"这样""这样子"。（三）除掉代时间的以外，一般都有先行词语（被代的）。有的时候先行词语距离指示代词较远，不过我们还看得出来：

> 悍吏之来吾乡，叫嚣乎东西，隳突乎南北，哗然而骇者，虽鸡狗不得宁焉。吾恂恂而起，视其缶，而吾蛇尚存，则弛然而卧。谨食之，时而献焉。退而甘食其土之有，以尽吾齿。盖一岁之犯死者二焉，其余则熙熙而乐。岂若吾乡邻之旦旦有是哉！（柳宗元：《捕蛇者说》）

此一"是"字指代"悍吏来吾乡""虽鸡狗不得宁"的痛苦，其中隔了蒋氏叙述自己的情况一大段，因为"有是"的主语是"乡邻"，先行词语虽隔得较远，仍不会发生误会。

"然""尔"这些当"如此"解的兼词，已往2·24有例句，不再重复。

5·15 （二）远指　所指代者与说话者距离较远，用远指。远指指示代词文言只用一个"彼"字，而且这"彼"字常和"此"字相对并举：

> 彼一时，此一时也。（《孟子·公孙丑下》）

> 以德若彼，用力如此，盖一统若斯之难也！（《史记·秦楚之际月表序》）

> 陛下患使者有司之若彼，悼不肖愚民之若此。（《史记·司马相如列传》）

单独用"彼"字的比较少：

> 息壤在彼。（《战国策·秦策》）——息壤地方在那里。

> 管仲得君，如彼其专也；行乎国政，如彼其久也；功

烈，如彼其卑也。(《孟子·公孙丑上》)

5·16 （三）他指　指眼前以外的事物，便用他指。他指词代替作用大，指示作用小。文言一般用"之"字，偶有用"旃""诸""焉"诸字的。这几个字都只能作宾语，而且"旃""诸""焉"三个字只能作动词的宾语。

　　初，虞叔有玉，虞公求旃，弗献。(《左传·桓公十年》)——"旃"代"玉"。

　　冬，晋荐饥，使乞籴于秦。秦伯谓子桑："与诸乎？"(《左传·僖公十三年》)——"诸"代"晋"。

　　子女玉帛，则君有之；羽、毛、齿、革，则君地生焉。(《左传·僖公二十三年》)——"之"代"子、女、玉、帛"，"焉"代"羽、毛、齿、革"。

　　蘧伯玉使人于孔子。孔子与之坐而问焉。(《论语·宪问》)

　　众恶之，必察焉；众好之，必察焉。(《论语·卫灵公》)

这些他称的词，都可以译为"他"或者"它"。"它"作宾语，虽多数，也不说"它们"。

　　有些这样用的"之"字，不但不必用先行词，而且可以泛指一切：

　　子曰："知之者不如好之者，好之者不如乐之者。"(《论语·雍也》)

　　子曰："我非生而知之者，好古敏以求之者也。"(《论语·述而》)

"知之""好之""乐之"的"之"指代的是什么呢？你可以任

自己的意思去设想。可以指一般的学识,也可以指一定的事业。或许孔子的意思是指仁义道德,也或许是指礼、乐、射、御、书、数的一种。孔子说这话的实际环境已无从考查,因之他说这话的具体意义也不必去瞎猜。无论是指什么,"知之"总不如"好之","好之"总不如"乐之",这是肯定的。至于"我非生而知之""好古敏以求之"的"之",可以指孔子所具有的一切品德和学问,也可以指某一部分特定的学识。总而言之,这些"之"字不能不有,却无固定的指代物,这是古代"之"字的一种用法。

5·17 （四）旁指 说话者欲述说谈论范围以外的事物,便用旁指词。口语的"别的""旁的",文言用"他"字;偶有用"异"字的。不过口语的"旁的""别的"可以作主语,文言的"他"和"异"只看见作动词的宾语的,没看见作主语的:

王顾左右而言他。(《孟子·梁惠王下》) ——代事

不足,又顾而之他。(《孟子·离娄下》) ——代地

吾以子为异之问,曾由与求之问。(《论语·先进》)

5·18 （五）虚指 有些事物,说话的人不能说出,或者不愿说出,或者不必说出,都用"某"字来代替,便是虚指。"某"字不见用作动词的宾语的。

灵公心怍焉,欲杀之,于是使勇士某者往杀之。(《公羊传·宣公六年》)

先生矜语其客曰:某胥也,某商也;其生,某任之;其死,某诔之。(韩愈:《行难篇》) ——四个"某"字,上两个各代一人,下两个又代一人,都不必确指。

张仪知楚绝齐也,乃出见使者曰:"从某至某广从六

里。"(《战国策·秦策》)——代地方

5·19 （六）无指 文言有"莫""无"等否定词，表示"没有人""没有东西"的意思，用作主语（只能用作主语），便是无指代词：

> 相人多矣，无如季相。(《史记·高祖本纪》) ——没有人赶得上你刘季的像貌。

> 夫唐尧有丹朱，周文王有管蔡：此皆上圣，无奈下愚子何。(《汉书·王莽传》)——"无"，"没有办法"的意思，现在还承袭"无可奈何""莫可如何"的说法。

> 朝廷之臣莫不畏王，四境之内莫不有求于王。(《战国策·齐策》)

> 杀臣，宋莫能守，乃可攻也。(《墨子·公输》) ——把我杀了，宋国没有人能够守御，这就可以攻打了。

> 缙绅、大夫、士萃于左丞相府，莫知计所出。(文天祥：《指南录后序》)

> 东西南北，莫可奔走。(《盐铁论·非鞅》)

> 物靡不得其所。(《史记·司马相如传》)

这种代词一般不必有先行词，尤其像"无奈何"之类，更不能有先行词。但也有有先行词的，像"朝廷之臣莫不畏王""东西南北莫可奔走""物靡不得其所"的"朝廷之臣""东西南北""物"都是先行词。这些先行词，却和其他类的代词的先行词不一样。那些先行词，是其下的代词的所代者；这些先行词，却只是表明无指的范围，或者着重点明其范围的。"朝廷之臣莫不畏王"的"朝廷之臣"是表明范围的；意思是"你的臣子，没有人不怕你"。"东西南北莫可奔走"则是着重点明

"四方之大无处可逃跑"的。

5·20 （七）分指　口语的"有的""有些"，文言用
"或"字。都只能作主语。一般有先行词；"或"字只指先行
词的一部分：

回视日观以西峰，或得日，或否。(姚鼐：《登泰山
记》)

怪石森然，周于四隅，或列或跪，或立或仆。(柳宗
元：《永州韦使君祈堂记》)

左右或欲引相如去。(《史记·廉颇蔺相如列传》)

凡六出奇计……奇计或颇秘，世莫能闻也。(《史
记·陈丞相世家》)

物有不可忘，或有不可不忘。(《史记·信陵君列传》)
如果不用先行词，多半指人，译为口语是"有人"，不是分称，
而是与"某"不相同的另一种虚指了。

或谓孔子曰："子奚不为政？"(《论语·为政》)
楚欲杀之，或谏，乃归解扬。(《史记·晋世家》)

5·21　还有一个"各"字，也表分称，可是和"自"字有
点相同，意义是代词，作用是副词，只能放在述说之上：

余人各复延至其家，皆出酒食。(陶潜：《桃花源记》)
颜渊季路侍。子曰："盍各言尔志？"(《论语·公
冶长》)

长安炽盛，街间各有豪侠。(《汉书·万章传》)

不数岁，田百顷，楼阁万椽，牛羊蹄躈各千计。(《聊
斋志异·促织》)

5·22　指示词当副词用的，一般用兼词"尔""宁""偌"

诸词，2·24关于兼词的句例中有一部分是作副词用的，读者可以参看。还有用"斯""此"诸词的：

匪言不能，胡斯畏忌？（《诗经·大雅·桑柔》）——不是说不能（分别是非言之于王），为什么这样害怕？

以鹑首而赐秦，天何为而此醉？（庾信：《哀江南赋》）——把陕西一带好地方给了秦国，天为什么这样糊涂？

七、作形容性区别词的指示词

5·23　指示词附加在体词上的便只有指示作用而没有代替作用。我们可以说它是作形容词用的。

（一）近指

公相与歃此血于堂下。（《史记·平原君列传》）

此物固非西产。（《聊斋志异·促织》）

吾斯役之不幸，未若复吾赋不幸之甚也。（柳宗元：《捕蛇者说》）

豹视之，顾谓三老、巫祝、父老曰："是女子不好。"

（褚少孙：《史记·滑稽列传补》）

古代的指示词其下没有加量词的，有时候所指示的不是某一个体，而是某一类型，则须于上下文意揣摩得之。譬如：

孰知赋敛之毒有甚是蛇者乎？（柳宗元：《捕蛇者说》）

"是蛇"不是"这条蛇"的意思，而是"这类蛇""这种蛇"（毒蛇）的意思。

5·24　（二）远指　"彼""夫"两个字都译为"那""那个"，"其"字也可译为"那"。

危而不持，颠而不扶，则将焉用彼相矣？（《论语·季氏》）——危险而不去撑持,倾倒而不去扶助,那又何必要那个帮助者呢?

以俟夫观人风者得焉。(柳宗元：《捕蛇者说》)

夫执舆者为谁?(《论语·微子》)

与祝巫共分其余钱。(褚少孙：《史记·滑稽列传补》)

尔爱其羊,我爱其礼。(《论语·八佾》)

5·25 （三）旁指

试与他虫斗,虫尽靡。(《聊斋志异·促织》)

以我应他人,君还何所望?(《古诗为焦仲卿妻作》)

他人有心,予忖度之。(《诗经·小雅·巧言》)

他国之人则曰外臣。(《仪礼·士相见礼》)

“他人”可译为别人,就是除我以外之人。古代还有“他日”一词,自然可译为“别的日子”;但其中有指以前的：

县贲父曰：“他日不败绩而今败绩,是无勇也。”遂死之。(《礼记·檀弓》)

鲁平公将出,嬖人臧仓者请曰：“他日君出,则必命有司所之;今乘舆已驾矣,有司未知所之,敢请。”(《孟子·梁惠王下》)——现在车子已经驾好了,管事的不知道你到哪里去,大胆地请问。

以上都是以“他日”和“今”相对,“他日”指以前的日子。更多的是指某事以后的日子的：

墨者夷之因徐辟求见孟子,……他日又求见孟子。(《孟子·滕文公上》)——墨子学派的信徒夷之由徐辟的关系求见孟子,……过一晌,又求见孟子。

盖上世尝有不葬其亲者,其亲死,则举而委之于壑。他日过之,狐狸食之,蝇蚋姑嘬之。(《孟子:《滕文公上》)——"他日"也可译为过一晌。"姑"动词,咀也。

数词"余"字附于名词之上,也有指示作用。"余人"就是"其余的人","余钱"就是"剩余的钱"。

余人各复延至其家,皆出酒食。(陶潜:《桃花源记》)

与祝巫共分其余钱(褚少孙:《史记·滑稽列传补》)

5·26 (四)虚指

某年月日,秦王与赵王会饮。(《史记·廉颇蔺相如列传》)

有一人不得用,自言于梁。梁曰:"前时某丧,使公主某事,不能办,以此不任用公。(《史记·项羽本纪》)

(五)无指

无草不死,无木不萎。(《诗经·小雅·谷风》)

靡计不施。(《聊斋志异·促织》)

靡事不为。(《诗经·小雅·北山》)

5·27 古人常有省略这种指示词的例子:

试与他虫斗,虫尽靡。(《聊斋志异·促织》)——意思是"他虫尽靡"。

项伯乃夜驰之沛公军,私见张良,具告以事。(《史记·项羽本纪》)——意思是说"具告以其事"或"具告以此事"。

山有小口,髣髴若有光。便舍船,从口入。(陶潜:《桃花源记》)——意思是说"从此口入"。

八、疑问词

5·28　古代疑问词普通用的有"谁""孰""何""奚""曷""胡""恶""焉"诸字。它们的用法不外三种：

（一）代人、代事物、代处所，作为主语或宾语，是疑问代词；

（二）用于名词之前，有疑而无代，是疑问词作形容性的区别词用。

（三）用于述说词之前，当作"如何""怎么"解，是疑问副词。

而"谁""孰""何"等字又各有其范围与用法，现在以字为单位分别讨论。

5·29　（一）谁　一般的用法是代人的代名词，作主语和宾语，作及物动词的宾语时常倒装在动词之前：

谁无父母？（《诗经·小雅·沔水》）——主语

子为谁？（《论语·微子》）——"为"之宾语。

吾谁欺？欺天乎！（《论语·子罕》）——"欺"之宾语，倒装。

也可以用作领属性的附加语，但须用小品词"之"字附于其后；不然，便易和作形容词用的相混淆。（详下）。

韩献子谓桓子曰："……子为元帅，师不用命，谁之罪也？"（《左传·宣公十二年》）

人之有墙，以蔽恶也；墙之隙坏，谁之咎也？（《左传·昭公元年》）——墙裂缝坏了，谁的罪过呢？

"谁"字作形容词用的古代即很少见，后来简直连模仿的都没有了。以下是几个不常见的句型：

> 凡人主必信；信而又信，谁人不亲？（《吕氏春秋·贵信》）

> 顾自以为身残处秽，动而见尤，欲益反损，是以抑郁而无谁语。（《汉书·司马迁传》）

> 王儒见执金吾广义，问帝崩所病，立者谁子？年几岁？（《汉书·武五子传》）

"谁人不亲"等于说"什么人不亲近你"，"无谁语"等于说"没有什么话"，"立者谁子"等于说"所嗣立的皇帝是什么样的人"，"谁"字直接加于中心词之上，不用"之"字，与领属性的代词有别。

5·30 （二）孰 一般也用以代人，用作主语的多，与"谁"字用法同，以下诸例改用"谁"字也未尝不可：

> 孔子不能决也。两小儿笑曰："孰为汝多知乎？"（《列子·汤问》）

> 孰知赋敛之毒有甚是蛇者乎？（柳宗元：《捕蛇者说》）

> 孰为夫子？（《论语·微子》）

偶然有用以代事的：

> 是可忍也，孰不可忍也？（《论语·八佾》）

"孰"字之前如有先行词，这先行词是表示"孰"字所代的范围的，"孰"字便有"抉择其一"的意思，相当于口语的"哪一个""哪一件"。这种用法，古人就不用"谁"字：

> 哀公问：弟子孰为好学？（《论语·雍也》）

> 礼与食孰重？（《孟子·告子下》）

吾与徐公孰美？（《战国策·齐策》）

"吾与徐公孰美"这句，古人另有几种说法：

我孰与城北徐公美？（同前）

公之视我，美孰与徐公？——仿"公之视廉将军，孰与秦王"（《史记·廉颇蔺相如列传》）及"陛下自察，圣武孰与高帝"（《史记·曹相国世家》）句法。

我孰与徐公美恶？——仿"孰与君少长"（《史记·项羽本纪》）句法。

"孰与"两词连用，不是抉择而是比较了。

"孰"字作形容词用的比"谁"字更少，以后也没有这种用法了：

孰王而可叛也？（《吕氏春秋·恃君》）

作副词用的当"何故"解，也是极稀少而且后世无继承的：

惠公出共世子而改葬之，臭达于外。国人诵之曰："孰是人斯而有是臭也？"（《国语·晋语》）

5·31 （三）何、曷　这两个词作代词用的，代事物的多，代处所的少，不能代人，而且只能作宾语和谓语：

为其来也，臣请缚一人，过王而行。王曰："何为者也？"对曰："齐人也。"王曰："何坐？"曰："坐盗。"（《晏子春秋·内篇杂下》）

轸不之楚，何归乎？（《史记·张仪陈轸列传》）——代处所

所以然者何？水土异也。（《晏子春秋·内篇杂下》）

吾君在前，叱者何也？（《史记·平原君列传》）

曷为久居此围城之中而不去？（《史记·鲁仲连列

传》)

用在名词之前,便是形容词,可译为"什么":

> 问今是何世?(陶潜:《桃花源记》)

> 儿童相见不相识,笑问"客从何处来?"(贺知章:《回乡偶书》)

> 而五人生于编伍之间,素不闻诗书之训,激昂大义,蹈死不顾,亦曷故哉?(张溥:《五人墓碑记》)

> 怀哉怀哉!曷月予还归哉?(《诗经·王风·扬之水》)

作副词用的,可以译为"为什么"或者"怎么":

> 天曷不降威?(《尚书·西伯戡黎》)

> 徐公何能及君也?(《战国策·齐策》)

> 凤兮凤兮!何德之衰?(《论语·微子》)

> 肉食者谋之,又何间焉?(《左传·庄公十年》)

> 苟如君言,刘豫州何不遂事之乎?(《资治通鉴》:赤壁之战)

5·32 (四)胡 胡字一般用为疑问副词,询问原因和理由,等于"为何""何故":

> 楚王叱曰:"胡不下"!(《史记·平原君列传》)

> 子墨子曰:"然,胡不已乎?"公输盘曰:"不可;吾既已言之王矣。"子墨子曰:"胡不见我于王?(《墨子·公输》)

5·33 (五)安 作疑问代词者代处所的多,代事物的少:

> 君谓计将安出?(《三国志·诸葛亮传》)——代处所
> 沛公安在?(《史记·项羽本纪》)——代处所

泰山其颓,则吾将安仰? 梁木其坏,哲人其萎,则吾将安放?(《礼记·檀弓》)——代事物

皮之不存,毛将安傅?(《左传·僖公十四年》)——处所、事物都可代

若作疑问形容词,则只放在"所"字上,表示"何处":

见其家织布好,而疾出其家妇,燔其机云:"欲令农士工女,安所雠(售)其货乎?"(《史记·循吏列传》)

安所求子死(尸)? 桓东少年场。(《汉书·尹赏传》)

若作为疑问副词,便当"怎么""怎样"讲:

安能辨我是雄雌?(《木兰辞》)

又安敢毒邪?(柳宗元:《捕蛇者说》)

君安与项伯有故?(《史记·项羽本纪》)

5·34 (六)焉 用作疑问代词的一般代处所:

且焉置土石?(《列子·汤问》)

天下之父归之,其子焉往?(《孟子·离娄上》)

如用作疑问副词,则当作"如何""怎样"解:

未能事人,焉能事鬼?(《论语·先进》)

且齐楚之事,又焉足道哉?(《史记·司马相如列传》)

5·35 (七)奚 作疑问代词的只能代事物代处所,不能代人,自然也没有作主语的:

卫君待子而为政,子将奚先?(《论语·子路》)——卫君等待你担任政治工作,您准备首先干什么?

问臧奚事,则挟筴读书;问榖奚事,则博塞以游。(《庄子·骈拇》)——问臧干什么了,挟着书本读书;问榖干什么了,赌博游耍去了。

子路宿于石门。晨门曰:"奚自?"(《论语·宪问》)——从哪儿(来)?

若用作疑问形容词,便同"何"字的用法一样:

蝗螟,农夫得而杀之。奚故? 为其害稼也。(《吕氏春秋·不屈》)

如用作疑问副词,一般询问原因和理由,便是"为什么"的意思:

或谓孔子曰:"子奚不为政?"(《论语·为政》)

余发如此种种,余奚能为?(《左传·昭公三年》)

5·36 (八)恶 作为疑问代词的有两种用法,代事物便和"乎"连用,说为"恶乎"。"乎"是介词,相当"于"字。"恶乎"等于"于何",不过"于何"不倒装,"恶乎"倒装:

卒然问曰:"天下恶乎定?"吾对曰:"定于一。"(《孟子·梁惠王上》)

敢问夫子恶乎长? 曰:"我知言,我善养吾浩然之气。"(《孟子·公孙丑上》)

代处所作"哪里"讲的,也可以说成"恶乎",也可以独用为动词的宾语或附加语:

伯高死于卫,赴(讣告)于孔子。曰:"吾恶乎哭诸?"(《礼记·檀弓》)——孔子说:"我在哪儿哭他呢?"

居恶在? 仁是也;路恶在? 义是也。居仁由义,大人之事备矣。(《孟子·尽心上》)——"恶"为"在"之倒装宾语。

且王攻楚,将恶出兵?(《史记·春申君列传》)——"将出兵何处"。"恶"为"出兵"之附加语。

作疑问副词用与"何"字相同,译为口语"怎么":

先生又恶能使秦王烹醢梁王?(《史记·鲁仲连列传》)

先生饮一斗而醉,恶能饮一石哉?(《史记·滑稽列传》)

(九)乌 这字只能作疑问副词,也译为"怎么":

齐楚之事,又乌足道乎!(《汉书·司马相如列传》)

5·37 (十)"何如""何若""如之何" 这都是复词。

"何如人""何若人"就是"怎样的人",这是作为疑问形容词用:

陛下以绛侯周勃何如人也? 上曰:"长者也。"

(《史记·张释之冯唐列传》)

此为何若人?(《墨子·公输》)

又可以作为谓语,但有各种不同用法。有询问情况的:

于是张良至军门见樊哙。樊哙曰:"今日之事何
如?"(《史记·项羽本纪》)

又有用作商量口吻的:

余将告于莅事者,更若役,复若赋,则何如?(柳宗
元:《捕蛇者说》)

亦使知之,若何?(《左传·僖公二十四年》)——
也等他(晋文公)知道,怎么样?

仍旧贯,如之何?(《论语·先进》)——照老样子,
怎么样?

还有不疑而问的:

其辱人贱行,视五人之死,轻重固何如哉?(张溥:
《五人墓碑记》)

"如之何"还可以作疑问副词用:

长幼之节,不可废也;君臣之义,如之何其废之?

（《论语·微子》）

5·38 "何"字还可以表示感叹,有"何等"的意思,作副词用:

> 明月何皎皎,照我罗床帏。（古诗）

有时用复词"一何":

> 上有弦歌声,音响一何悲!（古诗）

> 吏呼一何怒! 妇啼一何苦!（杜甫:《石壕吏》）

有时"何人"不是问什么人,而是虚指所不知的人:

> 臣夜人定后,为何人所贼伤,中臣要害。(《后汉书·来歙传》)——我在深夜不晓得被什么人打伤了,击中要害。

> 有何人,天未明,乘马以诏版付允门吏,曰:"有诏。"因便驰走。(《三国志·夏侯玄传》)——有个什么人,在天未亮的时候,骑着马把诏版交给门吏,并说:"有皇帝的命令。"说完,赶着马跑了。

5·39 以上是分字讨论。若把它的一般规律综合一下,可得如下几条:

（一）关于疑问代词的:

1.代人的有"谁""孰"两词:(甲)"谁"可以作主语、宾语和表领属的附加语;"孰"只作主语;(乙)在没先行词的情况下,"谁""孰"用法相同;(丙)"孰"字前若有先行词,则它表示抉择的意思,而且可代事物。

2.代事物的一般用"何",用"奚"的少。

3."焉""安""恶"一般代处所,译为"哪里"。

（二）关于表疑问的形容性区别词的:

1. "何"字用得最普通,"曷""奚"上古较常用,"谁""孰"即上古也只几个例子,后来不再用了。

2. "安"字只用在"所"字上。

(三)关于疑问副词的:

1. "何""奚""恶""乌""胡""焉""安"七个字没有显著的区别,都可译为"怎么""怎样"。

2. "孰"字连上古都极少用。

第六章　动　词

一、动词的类别和形态

6·1　在2·7把动词分为四类。因四类动词的性质不同，在它们的宾语形式上也表现出有一定的区别。第一类是多少带有有形的活动的动词，如"坐""立""生""死""饮""食"诸字，若其活动不影响外物，便不带宾语；如果其活动影响外物，它们的宾语一般是具体的事物，在形式上一般是名词或者代词。

6·2　第二类表示意念的动词，如"恐惧""爱""恶""闻""见"诸词，可以不用宾语。也可以把其意念及于外物而带宾语。还有些词如"以为""度"（忖度）等等，又必须带宾语。这些宾语，除名词和代词外，还常常用动宾短语以至子句。如：

一心以为有鸿鹄将至，思援弓缴而射之。(《孟子·告子下》)

相如度秦王虽斋，决负约不偿城。(《史记·廉颇蔺相如列传》)

"有鸿鹄将至"作"以为"的宾语，"援弓缴而射之"作"思"的宾语,而"度"的宾语竟是"秦王虽斋,决负约不偿城"由两个分句所组成的复合子句。这是和第一类动词的区别所在。

6·3　第三类表示存在的动词"有"字,宾语的形式有多种,名词和名词语固可以为宾语,代词也可以为宾语:

> 有能一日用其力于仁矣乎?我未见力不足者。盖有之矣,我未之见也。(《论语·里仁》)

> 其家不可教而能教人者无之。(《礼记·大学》)

形容词也可以为宾语:

> 文理有疏密。(沈括:《梦溪笔谈》)——纹理有疏有密。

动词短语也可以为宾语:

> 有弗学,学之;弗能,弗措也。有弗问,问之;弗知,弗措也。(《礼记·中庸》)——"措"是"措置"的意思,译为口语是"搁置下来。"

> 故君子有不战;战必胜矣。(《孟子·公孙丑下》)

数词为宾语的也常见:

> 不孝有三,无后为大。(《孟子·离娄上》)

> 有死无二。(《左传·僖公十五年》)

不但如此,而且常可以作无主句的起始之词:

> 有蒋氏者,专其利三世矣。(柳宗元:《捕蛇者说》)

> 有贱丈夫焉,必求龙断而登之。(《孟子·公孙丑下》)——有个贱男子,一定要找个土堆走上去。

> 有朋自远方来,不亦乐乎?(《论语·学而》)

这都是"有"字的特点。

6·4　第四类"是""为"诸义动词的特点,除下篇第十四章判断句中所讲的以外，还有两个：一是以疑问词作宾语，不倒装，如"子为谁"（《论语·微子》）。一是代词"之"字可以做其他动词的宾词，却不能做"是""为"诸义动词的宾语。"为"作"做"讲，便是第一类动词，"之"字便又可以做它的宾语了。至于"譬若""犹"这一动词，主语和宾语都可能相当繁复：

> 夫贤士之处世也，譬若锥之处囊中，其末立见。（《史记·平原君列传》）

> 以若所为，求若所欲，犹缘木而求鱼也。（《孟子·梁惠王上》）

上句"贤士之处世"为"譬若"之主语，而"锥之处囊中，其末立见"为宾语；下句"以若所为，求若所欲"为"犹"之主语，而"缘木而求鱼"为宾语。主语、宾语都是相当繁复的。

6·5　从形态来说，（一）所有动词，其上都可以加助动词。只有像"肯""忍"这类表示意欲的助动词，不能加于毫无动作性的"为"义诸动词上；（二）所有动词都容许相适应的副词附加其上，像表否定的"不"字，每个动词都可以加上。即以"有"字而论，虽然它的否定一般用"无"字，而古人也有说成"不有"的；《左传·僖公二十八年》云："不有居者，谁守社稷？不有行者，谁捍牧圉？"（三）一般动词都可以加一"所"字于其上，结合而成实体词，如"女亦无所思，女亦无所忆"（《木兰辞》）；又可以加"所以"，表达这种行为或状态的方法与原因等，如"人之所以求富贵利达者"（《孟子·离娄下》）"亲贤臣、远小人，此先汉所以兴隆也；亲小人、远贤臣，此后汉所以倾颓也"（《三国志·诸葛亮传》）；

（四）古人没有什么及物动词（外动词）和不及物动词（内动词）的分别，所有动词，只要有宾语可加，都可以加上宾语；而这宾语，除在"为"义诸词之下的外，都可以用指示词"之"字代替。

二、由名词形容词转来的动词

6·6　文言中，少数名词可以用作动词，它的格式一般有下列几种：

（一）其下紧跟着另一名词或者指示词（一般用"之"字），作为宾语：

徐庶见先主，先主器之。（《三国志·诸葛亮传》）

明烛天南。（姚鼐：《登泰山记》）——"烛"字引申为动词由来已久，意义等于照耀。《吕氏春秋·士容篇》云："故火烛一隅"，可以为证。

范增数目项王。（《史记·项羽本纪》）

昔有霍家奴，姓冯名子都。（辛延年：《羽林郎》）——这种用法至今沿袭。

6·7　（二）其上有助动词或者副词以及副词短语。口语中还残存有这种说法，如"不声不响"，"声""响"本是名词，而在这里作动词用。（至于"不人不鬼"，则未便一例看待。"不人不鬼"，可以说是省略了连系性的动词"是"字或者"像"字。）

君子不器。（《论语·为政》）

再火令药镕。（沈括：《梦溪笔谈》）

夫五人之死，去今之墓而葬焉，其为时止十有一月

耳。(张溥：《五人墓碑记》)

子谓："公冶长可妻也，虽在缧绁之中，非其罪也。"以其子妻之。(《论语·公冶长》)——"可"助动词，"以其子"副词短语。"妻"字在其下，便作动词用了。古人因而变更其音调，读去声。

君子质而已矣，何以文为？(《论语·颜渊》)

匈奴未灭，何以家为？(《汉书·霍去病传》)——这两句句例，可以和"夫颛臾，昔者先王以为东蒙主，且在邦域之中矣，是社稷之臣也，何以伐为"(《论语·季氏》)的"何以伐为"相比较。"伐"本身就是动词，"何以"也是副词短语。

6·8 （三）在"于""焉"（于是）的前面：

栾黡、士鲂门于北门。(《左传·襄公九年》)

于是使勇士某者往杀之。勇士入其大门，则无人门焉者；入其闺，则无人闺焉者。(《公羊传·宣公六年》)

6·9 形容词作动词用，在文言中最常见的是意动用法和使动用法，下面将要说到。除此而外，还有两种情形：

（一）把形容词表示动态，在口语，一般加"着""了"以及补语"起来"一类的词，如"他红着脸说话""他一说话脸就红了""他的脸红起来了"。文言不用趋向补语，也没有近似于表示动词形态的"着""了"诸词，便直以形容词置于施事者的主语下：

故闻伯夷之风者，顽夫廉，懦夫有立志……故闻柳下惠之风者，鄙夫宽，薄夫敦。(《孟子·万章下》)

这几句译成口语是：所以听到伯夷的作风的人，贪污的人也廉洁起来了,懦弱的人也有自立的意志了……所以听到柳下惠的作风的人,鄙陋的人宽博起来了,刻薄的人厚道起来了。

6·10 (二)用"多""少"一类的述说词表示存在的句子,其下若有宾语,"多""少"便是动词了。口语里仍有这种句子,譬如"这里多一张票""你那里少一个人"。

> 今少一人,愿君即以遂备员而行矣。(《史记·平原君列传》)

> 山多石,少土。石苍黑色,多平方,少圜。(姚鼐:《登泰山记》)

这两句格式一样,实际意义并不相同。"今少一人"和上面口语的说法相合,译成口语,仍是"现在少一个人";但"多石""少土""多平方""少圜"却不能这么说,整句译成口语,还应该是:"山上石头多,土少。石头是苍黑的颜色,平方的多,圆的少。"

三、意动用法和使动用法

6·11 述说词对于宾语含有"认为""以为"的意思的,叫做动词的意动用法。这类动词,一般由形容词转来,也偶然有从名词转来的,也偶然有用其他动词的。这种动词,一定得带宾语,而宾语一般用"之"字或者其他代词。像下面(柳宗元:《捕蛇者说》)的第二个"毒"字承上省去宾语的,是极少有的现象。

> 今我在也,而人皆藉吾弟。令我百岁后,皆鱼肉之矣。(《史记·魏其武安侯列传》) ——如今我还活着,大家都践踏我弟弟。假使我死了,都会把他看成鱼肉了。

且矫魏王令,夺晋鄙兵以救赵,于赵则有功矣,于魏则未为忠臣也。公子乃自骄而功之,窃为公子不取也。(《史记·信陵君列传》)——"自骄而功之",自己骄傲而以救赵为功。功,名词作动词用。

　　诸侯用夷礼,则夷之。(韩愈:《原道》)——由名词转来,意思是说"诸侯用夷狄的礼仪制度,就把他看成夷狄"。

　　鬼神无形者,不罄于前,故易之也。(《韩非子·外储》)

　　贼易之,对饮酒,醉。(柳宗元:《童区寄传》)

　　刺史颜证奇之。(柳宗元:《童区寄传》)

　　渔人甚异之。(陶潜:《桃花源记》)

　　吾妻之美我者,私我也;妾之美我者,畏我也;客之美我者,欲有求于我也。(《战国策·齐策》)

　　今父老子弟虽患苦我,然百岁后期令父老子孙思我言。(褚少孙:《史记·滑稽列传补》)——"患"本来是动词。

　　成然之。成以其小,劣之。(《聊斋志异·促织》)

这种用法,若宾语省略或者不直接于其下,便较难理解,读者宜用心:

　　若毒之乎?……又安敢毒邪?(柳宗元:《捕蛇者说》)——第二"毒"字承上省去了宾语"之"字,也是以为毒的意思。

　　侠客之义,又曷可少哉?(《史记·游侠列传》)——"又何可以侠客之义为少"之意。如果"少"字下加一"之"字指代"侠客之义",便易于理解了。

　　6·12　动词对于其宾语含有"使他那样"的意思的,叫

做动词的使动用法。使动用法的动词,一般可用动词:

> 杀鸡为黍而食之。(《论语·微子》)——"食"字虽然被读为去声,按其来源,仍是使动用法。

> 舍相如广成传舍。(《史记·廉颇蔺相如列传》)——可以译为"安顿相如住在广成舍"。

> 毕礼而归之。(同前)——行完了礼,送他回去。

> 江晚正愁予,山深闻鹧鸪。(辛弃疾:《菩萨蛮》)——江边的暮色正使我发愁,山的深处又传来鹧鸪"行不得也哥哥"的啼声。

> 浮之河中。(《史记·滑稽列传补》)

> 项伯杀人,臣活之。(《史记·项羽本纪》)

> 操军方连船舰,首尾相接,可烧而走也。(《资治通鉴》:赤壁之战)

"可烧而走也"意思是"可以用火攻而赶跑他","走"是"使他跑"的意思。"走"下省略代替曹操军队的宾语"之"字。这种用法,不能不有宾语,宾语省略是偶然现象。这种用法也有容易误会的地方:

> 使赵不将括则已;若必将之,破赵军者必括也。
>
> (《史记·廉颇蔺相如列传》)

这几句译为口语是"假使赵国不以赵括为统帅就算了;如果硬要他做统帅,使赵国军队破败的,一定是赵括哩"。这里"破赵军"是"使赵军破败"的意思,与平常的"破××"不同。

6·13 另外也常有用形容词作使动用法的动词的:

> 欲居之以为利,而高其直,亦无售者。(《聊斋志异·促织》)

人洁己以进。(《论语·述而》)——"洁己","使自己清洁"。

正其衣冠。(《论语·尧曰》)——使其衣帽端正。

厚其墙垣。(《左传·襄公三十一年》)——把围墙砌厚。

古之为治者,将以愚民。(《老子》)

工师得大木,则王喜……匠人斫而小之,则王怒。(《孟子·梁惠王下》)

故天将降大任于是人也,必先苦其心志,劳其筋骨。(《孟子·告子下》)——使其心志忧虑,使其筋骨劳倦。

然而贵之以爵禄,则天下有不慕爵禄之士;富之以金帛,则天下有不慕金帛之人。(汪琬:《名论》)——以爵禄使他贵,以金帛使他富。

用形容词和动词作使动用法的,译为口语,常常可以把那个形容词或者动词作为动词的结果补语。如"高其直",可以译为"抬高它的价钱";"臣活之"可以译为"我救活了他";"匠人斫而小之"可以译为"匠人斫小了它"。

6·14 用名词作使动用法的动词的不大常见:

公若曰:"尔欲吴王我乎?"(《左传·定公十年》)——公若说:"你想使我做吴王吗?"这是指吴王僚被专诸所暗杀的事。实际意义是公若知道自己将被刺杀。

吾见申叔,夫子,所谓生死而肉骨也。(《左传·襄公二十二年》)——我看见申叔,他夫子呀,是所谓使死尸复生、使白骨长肉的人哩。

齐桓公合诸侯而国异姓。(《史记·晋世家》)——封异姓为国,故说"国异姓"。

民之生，庸弱者戢戢皆是也。有二贤且智者，则众人君之而受命焉。(黄宗羲 :《原君》) ——"君之"，"以他为君"。

意动用法和使动用法都是把兼语式化为简单句的方法，也就是使语言精炼的方法。

四、几个动词的连用

6·15　两个以至三个四个动词连用，在古文中常见。一般的情况是几个动词紧接着，前一动作为后一动作的方法，当中可用"而"字或者"以"字隔开：

> 璧有瑕，请指示王。(《史记·廉颇蔺相如列传》) ——可以说"指以示王"。这"指示"和今天常用的"指示"意义不同。

> 使臣奉璧拜送书于庭。(同前)

> 相如前进缻，因跪请秦王。(同前)

> 相如顾召赵御史。(同前)

> 成妻具资诣问。(《聊斋志异·促织》)

> 蹑迹披求。(同前)

> 儿惧，啼告母。(同前)

> 忽闻门外虫鸣，惊起视之，虫宛然尚在。(同前)

> 已得履，乃曰："吾忘持度。"反归取之。(《韩非子·外储说》)

五、动词的省略

6·16　动词也可以省略。有承上文而省略的：

一鼓作气,再□而衰,三□而竭。(《左传·庄公十年》)

三人行,必有我师焉。择其善者而从之,□其不善者而改之。(《论语·述而》)

季文子三思而后行。子闻之曰:"再□,斯可矣"。(《论语·公冶长》)

客有为齐王画者。齐王问曰:"画孰最难者?"曰:"□犬马难。""孰易者?"曰:"□鬼魅最易。"(《韩非子·外储说》)

南阳刘子骥,高尚士也,闻之,欣然规往。未果□,寻病终。(陶潜:《桃花源记》)

留为小吏,不肯□。(柳宗元:《童区寄传》)

毛遂曰:"……今少一人,愿君即以遂备员而行矣"……平原君曰:"……先生不能□,先生留"(《史记·平原君列传》)

王不待大,汤以七十里□,文王以百里□。(《孟子·公孙丑上》)

郤子至,请伐齐,晋侯弗许。请以其私属□□,又弗许。(《左传·宣公十七年》)

水,火之牡也,其以丙子若壬午作乎?水火所以合也。若火入而伏,必以壬午□。(《左传·昭公十七年》)——水是婆,火是公,火灾,将于丙子日或者壬午日发作罢?因为水火是自成配偶的。若火星不出现了,一定在壬午日发作。

天禄不再。天若胙君,不过周公,以鲁□□足矣。

（《左传·昭公二十五年》）——天给以福禄没有两次，天若降福于君，不能超过给周公的，把鲁国给吾君作为降福便够了。所省略的"胙君"不仅是动词，而且是动词及其宾语，和"宣公十七年"省略"伐齐"一例相同。

王后无適，则择立长。年钧，以德□□；德钧，以卜□□。（《左传·昭公二十六年》）——王后若没有嫡子，则择其长者立之。年龄一样的，论他们的品德而择立；品德相同，以卜卦来择立。

邾人城翼，还，将自离姑。……遂自离姑□。（《左传·昭公二十三年》）

譬如为山，未成一篑；止，吾止也。譬如平地□□，虽覆一篑；进，吾往也。（《论语·子罕》）——譬如为山，只差一筐土；应该停止，我就停止。譬如在平地上为山，纵是只倒一筐土；应该前进，我就去。

还有探下文而省略的：

躬自厚□，而薄责于人，则远怨矣。（《论语·卫灵公》）——自责厚而责人薄，就不会招怨恨了。

杨子之邻人亡羊，既率其党□□，又请杨子之竖追之。（《列子·说符》）——杨子之邻走失了羊，已经率领他的一群人去追了，又请杨子的小僮来追它。

6·17　最为奇特的是下面的句子：

牺牲玉帛，弗敢加也，必以信□□。……小大之狱，虽不能察，必以情□□。（《左传·庄公十年》"

这里"以信""以情"似乎变成主要谓语。但我们把它译为口语时，一定要加另外一些词汇，才能表达一个完全的意思。在承上省略诸例句中,有"汤以七十里,文王以百里""必以壬午""以鲁""以德""以卜"这些句子,形式和这相同。可是那是承上省略,省略了什么,可以依照上文去补足它。这里要补足什么呢? 我们只能揣摸原意。《国语·鲁语上》也记载了这事,与"小大之狱,虽不能察,必以情"几句相当的,却这样说:"余听狱,虽不能察,必以情断之。"从这里可以看出,"必以情",即是"必以情断之"的意思,然则"必以信",也可以看作"必以信为之"的意思。下面再举些相同的例子:

厉王虐,国人谤王。……王怒,得卫巫,使监谤者。以告,则杀之。国人莫敢言,道路以目□□。(《国语·周语上》) ——"道路以目"谓行路之人以目示意。

楚熊负羁囚知罃。知庄子(知罃的父亲)以其族反之(返回再战)……曰:"不以人子□□,吾子其可得乎?"……射连尹襄老,获之,遂载其尸。射公子縠臣,囚之。以二者还。(《左传·宣公十二年》) ——"不以人子"意思是"不以人子为质"。

各以所利□□,不亦可乎?(《左传·昭公七年》) ——各以所利为之,不亦可乎?

晋楚之富,不可及也。彼以其富□□,我以吾仁□□;彼以其爵□□,我以吾义□□。——吾何慊乎哉?(《孟子·公孙丑下》) ——"彼以其富""彼以其爵"是"彼以其富其爵骄人"的意思;"我以吾仁""我以吾义"是"我以吾仁吾义自得"的意思。

如中也异不中,才也异不才,则贤不肖之相去,其间不能以寸□。(《孟子·离娄下》) ——不能以寸量的意思,言相去极近。

> 子路宿于石门。晨门曰:"奚自?"子路曰:"自孔氏。"(《论语·宪问》)——"奚自","自何处来";"自孔氏","自孔氏来"的意思。

这种情况是不是能说为省略呢? 就当时的情况说,可能是因说话时有其实际环境,就这样说也可以懂,因之"以……""奚自",都能成话。若就今天的语言的一般情况来看,同时并就古文的一般情况来看,这种说法究竟是极少见的,因之说它有所省略,也未尝不可以。

六、动词短语"奈何""如何"

6·18 "奈何""如何"可以说是动词短语,"奈""如"是动词,"何"是疑问副词,然而这两个词总是连在一起用。"奈何""如何",译成口语便是"怎么办","怎样对付";"如…何""奈…何"译成口语是"把……怎样""对……怎么办"。

> 邹与鲁閧。穆公问曰:"吾有司死者三十三人,而民莫之死也。诛之,则不可胜诛;不诛,则疾视其长上之死而不救。如之何则可也?"(《孟子·梁惠王下》)

> 以君之力,曾不能损魁父之丘,如太形王屋何?(《列子·汤问》)

> 巫妪、三老不来还,奈之何?(褚少孙:《史记·滑稽列传补》)

> 王曰:"取吾璧,不予我城,奈何?"(《史记·廉颇蔺相如列传》)

> 沛公大惊曰:"为之奈何?"(《史记·项羽本

纪》）——对这件事怎么办？

七、助动词

6·19　助动词只是动词的一种,它的格式便有和动词一致的地方,譬如,其上都可以加"不"字,"不能""不可"几乎成为常语；除去"得"字和表被动的词外,也可以加"所"字成为实体词,"所能""所愿"也是常语。但它又和一般的动词不同。它在语句中只能起辅助动词的作用,而不能作主要动词,因之它下面一定是动词,不能用实体词直接作它的宾语。但有时也有用实体词的,如：

可汗问所欲,木兰不愿尚书郎。(《木兰辞》)

"愿"是助动词,"尚书郎"是名词,在形式上是"愿"的宾语。但是,若把这句译成口语,须得是"木兰不愿做尚书郎",可见当中省略了主要动词。这是诗句,以七个字为一句,七字之中又以上四下三(上四字为一读(逗)、下三字为一读)为合式,不能不省略一个字。说话的重点在"不愿",而且纵把主要动词省略了,于原意并无妨碍。这种句例自然是不多的。再看另一例子：

"赤! 尔何如? "对曰:"非曰能之,愿学焉:宗庙
之事,如会同,端章甫,愿为小相焉。"(《论语·先进》)

这是孔子和他学生公西华对答的一段话。孔子问道:"赤!你怎么样? "公西华答道:"不是说我已经能够了,不过是愿意学学这个:祭祀的工作和诸侯间大小盟会的工作,我穿着礼服,戴着章甫的礼帽,愿意做个小傧相哩。"这里,"能"是助动词,"之"是宾语；可是这"之"字所指代的不是简单的实体词,而是"为小相"的一种工作。如果不是这两种情形,其下的实体词即是宾语,无所省略与隐藏,那便不应再认它为助动词,而应认它为动词了。口语的"要吃饭"的"要"是助动词,而"要饭"的"要"则是动词。文言也如是。

"欲辟土地,朝秦楚"(《孟子·梁惠王上》)的"欲"是助动词,"欲土地"的"欲"则是动词了。

助动词一般在动词之上,只有"得"字可以在动词之下。

助动词一般可以独立运用。"你能不能?""能。"只有"得"字和表被动的"见""所"诸字不能如此。

6·20　表可能的助动词:

瞬息可成。(沈括:《梦溪笔谈》)

然得而腊之以为饵,可以已大风。(柳宗元:《捕蛇者说》)

孔子不能决也。(《列子·汤问》)

使遂蚤得处囊中,乃颖脱而出,非特其末立见而已。(《史记·平原君列传》)

公然抱茅入竹去,唇焦口燥呼不得(杜甫:《茅屋为秋风所破歌》)

一声落尽短亭花,无数行人归未得。(王武子:《玉楼春》)

"得"字用在动词后,通常总是否定的,不带"不"字,便带"未"字,最后两例便是。

6·21　表应当的助动词:

君自故乡来,应知故乡事。来日倚窗前,寒梅着花未?(王维:《杂诗》)

我区氏儿也，不当为僮。(柳宗元：《童区寄传》)

王当歃血而定从。(《史记·平原君列传》)

今大王亦宜斋戒五日。(《史记·廉颇蔺相如列传》)

6·22　表意志的助动词：

吾欲辱之。(《晏子春秋·内篇杂下》)

愿为市鞍马，从此替爷征。(《木兰辞》)

臣愿奉璧往。(《史记·廉颇蔺相如列传》)

胜不敢复相士。(《史记·平原君列传》)

公子为人仁而下士。……不敢以其富贵骄士。(《史记·信陵君列传》)

君子之于禽兽也，见其生，不忍见其死；闻其声，不忍食其肉。(《孟子·梁惠王上》)

且相如素贱人。吾羞，不忍为之下。(《史记·廉颇蔺相如列传》)——这个"忍"字与上例《孟子》的"忍"字有区别，可以当"堪"字解。

公子欲见两人，两人自匿，不肯见公子。(《史记·信陵君列传》)

是故诸侯虽有善其辞命而至者，不受也；不受也者，是亦不屑就已。(《孟子·公孙丑上》)

此外有一个"宁"字，现代口语"宁可""宁愿"之意。从意义上讲，可说是助动词。但极少单独使用。常和"与其""将""无"诸词配合，或者连用两个"宁"字表示抉择。

与其杀不辜，宁失不经。(《左传·襄公二十六年》)——与其错杀无罪者，宁肯不杀犯法者。

礼与其奢也，宁俭。(《论语·八佾》)

人之情，宁朝人乎？宁朝于人乎？（《战国策·赵策》）

吾宁悃悃款款朴以忠乎，将送往劳来斯无穷乎？（《楚辞·卜居》）

宁为鸡口，无为牛后。（《史记·苏秦列传》）

6·23　表被动的助动词：

五人者，盖当蓼洲周公之被逮，激于义而死焉者也。（张溥：《五人墓碑记》）

太祖为流矢所中，所乘马被创。（《三国志·武帝纪》）

郎诚见完与恩，无所不可。（柳宗元：《童区寄传》）

欲予秦，秦城恐不可得，徒见欺。（《史记·廉颇蔺相如列传》）

臣诚恐见欺于王而负赵。（同前）

第七章　形容词

一、形容词的类别和功能

7·1　形容词有三种用途：一是作为区别词；二是作为述说词；三是作为主语和"是""为""有"这类无动作性的动词的宾语①。具备这三种功能的最典型的是表示性质状态的形容词，如"难""易""善""恶""高""下""厚""薄"等，其次是数词。以后自会详细讨论到。指示词和疑问词便不能如此。它只能置于名词之上，如"此物""彼处""何人""奚故"，起形容词的区别作用。这在第五章第七节第八节已经谈过。

一般指示词不能作述说词用，能作述说词的只有兼词，而兼词却一般不作形容性区别词用。

富岁，子弟多赖；凶岁，子弟多暴。非天之降才尔殊也，其所以陷溺其心者然也。(《孟子·告子上》)

子之言云，又焉用盟？(《左传·襄公二十八年》)

"然""云"都是"如此"的意思，便不是单纯的指示词了。"其所以陷溺其心者然也"，译为口语，可以是"环境是这样的"，

---

① 以形容词置于动词下，作为结果补语，如"缩小""扩大""碾平"之类，古代尚无这种用法。参考6·13。

或者"环境使他这样的",仍然不能不有一个动词。

"子之言云",可以译为"你的话这样",但究竟嫌语意不明确；若译为"你的话既这样""你的话是这样",则构成谓语的仍不是一个简单的词。而且，无论怎样，它们都不是形容词。疑问词也如此，若作为述说词，如：

> 今日出而言从，日中不决，何也?(《史记·平原君列传》)
> 吾君在前，叱者何也?（同前）

这两个"何"字，绝不能说它是形容词。

指示词和疑问词若作主语和宾语便是代词。

因此，我们这章所说的形容词，除数词外，是指表示性质状态的词而言。

7·2　形容词作为区别词的，单音词一般直接附加于名词之上，如"大门""小门"(《晏子春秋·内篇杂下》)；复音词附加于名词之上的一般带小品词"之"字，如那名词是单音词，带"之"字的更是普遍现象，如"富贵之子"①(张溥：《五人墓碑记》)"小大之狱"(《左传·庄公十年》)"殷勤之意"(《资治通鉴》：赤壁之战)。

形容词作为叙述词，一般在主语后。如"近者热""远者凉"(《列子·汤问》)。有一种由叠字构成的形容词，在文言中一般作叙述词用：

> 日初出沧沧凉凉。(《列子·汤问》)
> 意气扬扬。(张溥：《五人墓碑记》)
> 两鬓苍苍十指黑。(白居易：《卖炭翁》)

---

① "富贵之子"意即"富贵之人"。

形容词作为主语的,如"薄如钱唇""高下不平"(沈括:《梦溪笔谈》);作为宾语的,如"未为简易""文理有疏密"(同前)。

二、名词、动词作形容性区别词用

7·3 名词也常常附加于另一名词之上,表明另一名词所代表的事物的性质、特征,是不是便认为那附加词就变成了形容词呢? 不应该如此看。如"铁板""松脂""纸灰"(沈括:《梦溪笔谈》)等,两个名词已结合成为一个整体,便应把它作一个词看,不再拆开,更不必说"铁""松""纸"是有形容词性的了。即像"狗国""狗门"(《晏子春秋》)之类"狗"字带有比喻性,不能不说它带有修饰作用;然而它还是名词,不要看作形容词。

动词也是如此。如"流水"(《木兰辞》)"死肌"(已死的肌肉)(柳宗元:《捕蛇者说》)"断头"(被砍下来的脑袋)"矫诏"(伪造的皇帝的命令)"废祠"(已废弃的祠庙)"哭声"(张溥:《五人墓碑记》)等等,上一字都应仍旧看作动词,不应说它变成形容词了。

三、形容语的后置和前置

7·4 文言的特点是简洁流畅,较长的形容语加在中心词之上是不习惯的。如果有较长的形容语,一般是移在中心词之下,用一个"者"字来联络。譬如:

约与食客门下有勇力文武备具者二十人偕。(《史记·平原君列传》)——有勇力文武备具的食客门下。

缙绅而能不易其志者,四海之大,有几人欤?（张溥:《五人墓碑记》）——加一"而"字。能不易其志的缙绅。

求人可使报秦者。(《史记·廉颇蔺相如列传》)——可使报秦的人。

村中少年好事者驯养一虫。(《聊斋志异·促织》)——好事的少年。

还有在中心词与形容语之间又加一"之"字的：

马之千里者,一食或尽粟一石。(韩愈:《杂说》)

其石之突怒偃蹇,负土而出,争为奇状者殆不可数。(柳宗元:《永州八记》)

如果中心词较长,又可以把那较长的中心词作为外位成分,其下用"其"字复指那中心词,而且"其"字还含有"之"的意义：

凡富贵之子,慷慨得志之徒,其疾病而死,死而湮没不足道者,亦已众矣。(张溥:《五人墓碑记》)

这一句,"富贵之子,慷慨得志之徒"是中心词,"疾病而死,死而湮没不足道者"是形容语,如果把形容语置于中心词之上,读为"疾病而死,死而湮没不足道之富贵之子慷慨得志之徒",固然极为拗口；即照前面所举诸例的读法,"凡富贵之子,慷慨得志之徒之疾病而死,死而湮没不足道者",也觉"之"字太多；若省却第三个"之"字,又觉文句太急。于是用"其"字把"富贵之子,慷慨得志之徒"复指一下,便觉缓和而舒畅了。

较长的形容语固然应该置于中心词之后,即不长的,甚至简短的形容词,古人也偶有用这种办法的：

巫行视人家女好者。(褚少孙:《史记·滑稽列传补》)
"人家女好者"即"人家好女",古人宁肯多用一"者"字把单音形容词"好"字移下来,可见这种句法应用的广泛。又如:
崖限当道者,世皆谓之天门云。(姚鼐:《登泰山记》)
我们无妨比较地读一读,"崖限当道者"顺畅些呢,还是"当道之崖限"顺畅些呢? 无疑的,"崖限当道者"要顺畅些。

我们又从"马之千里者"一语看,"马"似乎是分母,"千里者"似乎是分子。"马"有若干种,其中有一日行千里者,可以说它是"千里马",也可以说它"马之千里者"。从这里便可以知道,后附的形容语一般是限制性的,如果是同一性(说明内容)的或者领属性(表明关系)的,便难以移置于中心词之后,只能仍置于中心词之前,而用"之"字负连系之责:
我为赵将,有攻城野战之大功。(《史记·廉颇蔺相如列传》)
"攻城野战"即"大功"之内容,两者之间的关系是同一性的,不是限制性的,我们若说"大功之攻城野战者",反觉不对头了。
远走亡匿于幕北寒苦无水草之地。(《汉书·匈奴传》)
这一句中的"寒苦无水草"本是限制性的,"寒苦无水草之地"自然可以说成"地之寒苦无水草者",因为还有许多不寒不苦有水有草的地方。问题在"幕(汉)北"两个字。"幕北"是具体指出那"地"的,"幕北"与"地"是同一性的;而且,"寒苦无水草"又是汉北地的一般情况;因此,这句既不便说成"地之幕北寒苦无水草者",也不便说成"幕北之地寒苦无水草者"。又如：

> 余，而所嫁妇人之父也。(《左传·宣公十五年》)

"父"是属于"而（尔）所嫁妇人"的，他们之间的关系是领属性的，不是限制性的，因此，若说成"父之而所嫁妇人者"便不成话了。

四、数　词

7·5　数词，基本上是形容词，形容词的三种功能它都具备。但又比一般形容词的用法更为灵活，可以当实体词，又可以表示动量，用作副词。它的形态也有和一般形容词不同的地方，而又和指示词、疑问词相似：不能附加表示程度的副词，也不能附加表示否定的副词"不"字。口语里说"不三不四"，只是成语，而不能引作语法规律。

作为形容性的区别词，一般放在名词之前：

> 以人民往观之者三二千人。(褚少孙:《史记·滑稽列传补》)

偶有放在名词之后的：

> 吏二缚一人诣王。(《晏子春秋·内篇杂下》)

> 坐桂公塘土围中，骑数千过其门，几落贼手死。(文天祥:《指南录后序》)

> 箱帘六七十，绿碧青丝绳……从人四五百，郁郁登郡门。(《古诗为焦仲卿妻作》)

但若用不定数词"数""众""群""诸"等字，或者用表示逐指的"每""每一"诸字，则只能在名词之前（"众""数"诸字用作谓语的自当别论）：

每一字皆有数印。(沈括:《梦溪笔谈》)

众客和之如响。(《列子·说符》)

帝曰:"善;恨见君晚,群臣初无是言也。"(《后汉书·盖勋传》)

故予与同社诸君子哀斯墓之徒有其石也,而为之记。(张溥:《五人墓碑记》)

子入太庙,每事问。(《论语·八佾》)——孔子到了太庙,每件事都问。

7·6　一般表示约数的方法,从上节所举"三二千人""数千"诸例中可以看出。也有在数词之上加"可"字的。"可"是副词,表估量:

若朋友交游,久不相见,卒然相睹,欢然道故,私情相语,饮可五六斗径醉矣。(《史记·滑稽列传》)

洛阳女儿对门居,才可容颜十五余。(王维:《洛阳女儿行》)

还有在数字之下用"所""许"诸词的:

其巫,老女子也,已年七十,从弟子女十人所。(褚少孙:《史记·滑稽列传补》)——"所"字置于名词之后。

才留三千所兵守武昌耳。(《三国志·周鲂传》)——六朝以后把"所"字置于名词之前,用法同"许"。

文姬曰:"昔亡父赐书四千许卷,流离涂炭,罔有存者。"(《后汉书·列女传》)

"十人所"等于说"十来个人","三千所兵"等于说"三千来个兵","四千许卷"等于说"四千来卷"。又有在数字前加"将""且""几"(平声,读机)诸字以表示数字的接近的:

今滕,绝长补短,将五十里也。(《孟子·滕文公上》)

北山愚公者,年且九十。(《列子·汤问》)

蒙雾露,沐霜雪,行几十年。(《汉书·韩安国传》)——
这个"几十年"不是"数十年",而是"将近十年"。

如果尾数是约数,便于整数下用"余""有余"诸字:

一车炭重千余斤。(白居易:《卖炭翁》)

一日一夜行三百余里。(《资治通鉴》:赤壁之战)

邹忌修八尺有余。(《战国策·齐策》)

中国的计数,历来是以十进制的,不过古人常常于十数与零数
之间用一"有"字,"有"读为"又","十有一月"(张溥:《五
人墓碑记》)就是"十个月又一个月"。因之,这里的"八尺有
余"即"八尺余"。

7·7　问数,一般用"几""几何""几许"诸字:

先生处胜之门下,几年于此矣?(《史记·平原君列传》)

卫灵公问孔子居鲁得禄几何?(《史记·孔子世家》)

当时万事皆眼见,不知几许犹流传?(韩愈:《桃花源》)

试问闲愁都几许? 一川烟草,满城风絮,梅子黄时
雨。(贺铸:《青玉案》)

欲知方寸,共有几许新愁,芭蕉不展丁香结。(贺
铸:《石州慢》)

7·8　"第一""第二"叫做序数。文言的序数,有些即
用基数表示,如"卷一""秦七黄九"(秦观、黄庭坚);有些用
"第"字;在某种场合,可用"次者""其次"诸词:

此印者才毕,则第二板已具。(沈括:《梦溪笔
谈》)——这里的"第二板"是"第二片活字板"的意思。

云有第三郎,窈窕世无双。(《古诗为焦仲卿妻作》)

王当歃血而定从,次者吾君,次者遂。(《史记·平原君列传》)

7·9　古代表示分数的方法,有七种。这七种,只是繁简不同,其实是和今天的表达方式没有大出入的:

第一种是最完备的方式——先母数,次"分"字,次名词,次"之"字,然后是子数:

一月之日,二十九日八十一分日之四。(《史记·历书正义》)——一月的日数,二十九又八十一分之四天。

冬至,日在斗二十一度四分度之一。(《汉书·律历志》)——冬至那天,太阳在北斗二十一又四分之一度的地方。

第二式,如第一式,省去分字,就变成:母数,次名词,次"之"字,次子数:

大都,不过参国之一。(《左传·隐公元年》)——大的城市,不能超过京城的三分之一。

第三式,如第一式,只是因名词已在前文出现,不重复:其式是:母数,次"分"字,次"之"字,次子数:

故关中之地,于天下三分之一。(《史记·货殖列传》)——等于说三分天下之一。

第四式,如第三式,再省去"分"字。式子是:母数,次"之"字,次子数:

令行父虽未获一吉人,去一凶矣。于舜之功,二十之一也。(《左传·文公十八年》)——比舜的功劳有二十分之一。

郴之为州,在岭之上;测其高下,得三之二焉。(韩愈:《送廖道士序》)——郴州在山岭之上,测量它的高低,相当山岭的三分之二。

第五式,如第三式,又省"之"字,其式是:母数,次"分"字,次子数:

子一分,丑三分二,寅九分八,卯二十七分十六。(《史记·天官书》)

第六式,母数若是十、百、千、万等整数,则"分"字"之"字都可以省去,只是母数和子数而已:

会天寒,士卒堕指者什二三。(《史记·高祖本纪》)

愿归农者十九。(韩愈:《平淮西碑》)

7·10　文言的分数和倍数,有时用特定的写法和名称,如三分之一的"三"写为"参"(见上"大都不过参国之一"),十分之一和十倍的"十",有时作"什"。一倍就用"倍"字,五倍叫做"蓰":

其实皆什一也。(《孟子·滕文公上》)——其实都是十分之一。

或相倍蓰,或相什百,或相千万。(《孟子·滕文公上》)——有些相差一倍五倍,有些相差十倍百倍,有些相差千倍万倍。

7·11　数词作主语和宾语的,一般有先行之名词;这等于说,数词之下有所省略:

命夸蛾氏二子负二山,一厝朔东,一厝雍南。(《列子·汤问》)

曩与吾祖居者,今其室十无一焉;与吾父居者,今其室十无二三焉；与吾居十二年者,今其室十无四五焉。
（柳宗元:《捕蛇者说》）

得十九人,余无可取者。（《史记·平原君列传》）

也有用"其"字代那先行之名物,其后再置数词的:

鲁施氏有二子,其一好学,其一好兵。（《列子·说符》）

蜀之鄙有二僧,其一贫,其一富。（彭端淑:《为学》）

其始,太医以王命聚之,岁赋其二。（柳宗元:《捕蛇者说》）

如果数词表示种类与分析后之数目,便不必用先行词与"其"字了:

不孝有三,无后为大。（《孟子·离娄上》）

拔剑击斩蛇,蛇遂分为两。（《史记·高祖本纪》）

7·12　数词既是区别词,而且一般用作形容性的区别词,自也可以作述说词用,作为谓语:

盖一岁之犯死者二焉。（柳宗元:《捕蛇者说》）

今吾嗣为之十二年,几死者数矣。（同前）

举所佩玉玦以示之者三。（《史记·项羽本纪》）

世俗所谓不孝者五。（《孟子·离娄下》）——世俗所谓的不孝有五种。

7·13　有些数字,形式上是定数,实质上是虚数。口语中便常如此。"三句话不离本行"的"三"表示少,"三个臭皮匠抵个诸葛亮"的"三"表示多,都不是实数。古文以定数表示多的情况较常见:

百计营谋不能脱。（《聊斋志异·促织》）

檀公三十六策,走（逃跑）是上计。（《南齐书·王敬

则传》)

以《木兰辞》而论，"军书十二卷，卷卷有爷名"，不一定合理；"同行十二年"又和"壮士十年归"相矛盾，木兰从军究竟十年，还是十二年？可见这些数字都是虚数。"军书十二卷，卷卷有爷名"，只是说逃不脱；"同行十二年"，只是说相处很久。

也有表示少的：

　　春种一粒粟，秋收万颗子。(李绅：《悯农》)

7·14　古文表示动量都不用量词，即把数词直加于动词之上。这些数词也就可以说是表数副词。不过"二次"不说"二"，更不说"两"，一定说"再"。

　　寒暑易节始一反焉。(《列子·汤问》)

　　于是秦王不怿，为一击缶。(《史记·廉颇蔺相如列传》)

　　一战而举鄢郢，再战而烧夷陵，三战而辱王之先人。(《史记·平原君列传》)

　　一鼓作气，再而衰，三而竭。(《左传·庄公十年》)

7·15　动量数词的活用法可分几类：

第一，"三""九"诸字，常用以表次数之多：

　　季文子三思而后行，子闻之，曰："再斯可矣。"(《论语·公冶长》)——季文子一件事情要经多次考虑才做，孔子知道了，说："想两次就可以了。"

　　公输盘九设攻城之机变，子墨子九距之。(《墨子·公输》)

7·16　第二，古人表示"每一"的意思，常用"每"字，如《左传·襄公二十二年》云：

"王每见之，必泣。"但也有不用"每"字的：

　　一出门，裘马过世家焉。(《聊斋志异·促织》)

如果两个数字连用，更不用每字：

　　一沐三握发，一饭三吐哺。(《史记·鲁世家》)——
这是极书周公旦的勤于接见群众，每洗一次发，得停三
次；每吃一顿饭，得把嚼在口中的食物吐出三次。

　　泽雉十步一啄，百步一饮。(《庄子·养生主》)

　　7·17　第三，现在口语有"一说就成"的话，郑燮的家
书中有句说："今则不然，一捧书本，便想中举人、中进士、做
官"，"一"字和下文的"就"字"便"字相照应。古人只用
"一"字：

　　毛先生一至楚，而使赵重于九鼎大吕。(《史记·平
原君列传》)

　　公子诚一开口请如姬，如姬必许诺。(《史记·信陵
君列传》)

　　相如一奋其气，威信(伸)敌国。(《史记·廉颇蔺相
如列传》)

　　7·18　数词又可以作动词用：

　　孰能一之？对曰："不嗜杀人者能一之。"(《孟
子·梁惠王上》)——谁能统一天下？不好杀人的人才
能统一天下。

　　士也罔极，二三其德。(《诗经·卫风·氓》)——男
子呀，行为没有标准，忽而这样，忽而那样。

第八章　副　词

一、副词的功能和类别

8·1　副词是表示行为、状态或者性质的特征的词。这里所谓特征,含义颇为广泛,因之,副词的分类便有九项之多,2·9已经讨论到。疑问副词第五章第八节中说得很多,这里不重复。这里所要论述的是程度副词、情态副词、否定副词、表敬副词、应对副词和命令副词。表数副词和时地副词虽于数词(见7·4)时地词(见4·4)中讨论过,这里也作些必要的补充。而于否定副词讲得较多,因为这种副词字数不多而应用最广,用较长篇幅去讲它,是有必要与可能的。

受副词修饰的不但是述说词,有时也是整个谓语和句子。

8·2　动词作为述说词,最易受修饰:

> 瞋目视项王,头发上指,目眦尽裂。(《史记·项羽本纪》)
> 壮士! 能复饮乎(同前)

8·3　形容词作为述说词,一般只受有限的几个副词的修饰。这几个副词是,表示程度的副词,表示叙述否定的"不"。下文将分别谈到。

> 臣愚以为陛下法太明,赏太轻,罚太重。(《史记·张

释之冯唐列传》)

"明""轻""重"都是形容词,而用"太"字修饰它。

疑问词本身是不受修饰的,但作为述说词时,仍可以受修饰:

　　其辱人贱行,视五人之死,轻重固何如哉?（张溥:
《五人墓碑记》)

"固"是修饰"何如"的,"何如"在这里是作为述说词的。

8·4　程度副词本身一般是不再受修饰的,但"甚"字可以再受程度的修饰:

　　窥镜而自视,又弗如远甚。(《战国策·齐策》)。

　　高伯其为戮乎! 复恶已甚矣! (《左传·桓公十七年》) ——"已",意义同"太"。

8·5　有时副词所修饰的不是一个词,而是整个谓语和句子:

　　幸而杀彼,甚善。(柳宗元:《童区寄传》)

"幸而"是修饰"杀彼"的。

　　卒以吾郡之发愤一击,不敢复有株治。(张溥:《五人墓碑记》) ——"卒","结果""终于"之意。

　　不幸吕师孟构恶于前,贾余庆献谄于后,予羁縻不得还,国事遂不可收拾。(文天祥:《指南录后序》)

"卒"和"不幸"所修饰的都不是一个词,而是整句话,它在意义上和语气上都贯串下文,直到句尾,因之,这类副词常在句首。

表示疑问或者反诘的副词也是修饰整句的:

　　得无楚之水土使民善盗耶?(《晏子春秋·内篇杂下》)

　　人取可食者而食之,岂天本为人生之?(《列子·说符》)

8·6　数量词作谓语,容许"凡"(表示总数)"将""且""可"诸副词来修饰它:

道海安、如皋,凡三百里。(文天祥:《指南录后序》)

北山愚公者,年且九十。(《列子·汤问》)

今滕,绝长补短,将五十里也。(《孟子·滕文公上》)

大宛在匈奴西南,在汉正西,去汉可万里。(《史记·大宛列传》)

偶然也容许别的副词:

或相倍蓰,或相什百,或相千万。(《孟子·滕文公上》)

二、程度副词

8·7　表示程度的副词,如"最""极""甚""太""益"之类,用来修饰形容词的时候多;如果修饰动词,一般置于"为""似"诸词及表示心理活动如"爱""恶""相思""望"(希望)诸词之上。

修饰形容词的:

婴最不肖,故直使楚矣。(《晏子春秋·内篇杂下》)——"不肖"是复音词。

便舍船,从口入;初极狭,才通人。(陶潜:《桃花源记》)

臣之罪甚多矣。(《左传·僖公二十四年》)

修饰"为""似"诸动词的:

若止印二三本,未为简易;若印数十百千本,则极为神速。(沈括:《梦溪笔谈》)

何无忌——刘牢之之外甥——酷似其舅。(《宋书·高帝本纪》)

修饰表示心理活动的诸动词的：

良乃入，具告沛公。沛公大惊。(《史记·项羽本纪》)

上既闻廉颇李牧为人，良说(同悦)。(《汉书·冯唐传》)——"良说"，等于说"很高兴"。

当此之时，髡心最欢，能饮一石。(《史记·滑稽列传》)

红豆生南国，春来发几枝？愿君多采撷，此物最相思。(王维：《杂诗》)

这类副词一般都前置于被修饰之词(中心词)之上，只有"甚"字以及带"甚"字之副词语，可以后附：

其妻曰："君美甚，徐公何能及君也？"……明日，徐公来，孰视之，自以为不如；窥镜而自视，又弗如远甚。(《战国策·齐策》)

三、表态副词

8·8　表示情态的副词最多，又运用最广①。一般都修饰动词，而置于动词之上。

王视晏子曰："齐国人固善盗乎？"(《晏子春秋·内篇杂下》)

王笑曰："圣人非所与熙也，寡人反取病焉。"(同前)

平原君竟与毛遂偕。十九人相与目笑之而未发

---

① 这类副词和其他类型的副词以及别的虚词，我的另一本书《中国文法语文通解》(商务印书馆出版)搜集得很多，可参看。

也。(《史记·平原君列传》)——"相与",复音词,"共同"的意思。

这类副词,有些是由形容词转来的:

乃密布字印。(沈括:《梦溪笔谈》)

北山愚公长息曰……(《列子·汤问》)

非为织作迟,君家妇难为。(《古诗为焦仲卿妻作》)

这类副词,常常用叠字所构成的词:

吾恂恂而起,视其缶,而吾蛇尚存,则弛然而卧。(柳宗元:《捕蛇者说》)

盖一岁之犯死者二焉;其余,则熙熙而乐。(同前)

施施从外来,骄其妻妾。(《孟子·离娄下》)

坎坎伐檀兮,寘之河之干兮。(《诗经·魏风·伐檀》)

又常用带小品词"然""焉""尔""若""乎"诸字所构成的词:

杂然相许。(《列子·汤问》)——你一句我一句地答应了。这个"杂然"的"杂",和本篇下文"杂曰"的"杂"是一个意思。

蒋氏大戚,汪然出涕。(柳宗元:《捕蛇者说》)

悍吏之来吾乡,叫嚣乎东西,隳突乎南北,哗然而骇者,虽鸡狗不得宁焉。(同前)

一癞头蟆猝然跃去。(《聊斋志异·促织》)

睠言顾之,潸焉出涕。(《诗经·小雅·大东》)

我心忧伤,惄焉如捣。(《诗经·小雅·小弁》)

子路率尔而对。(《论语·先进》)

一箪食,二豆羹,得之则生,弗得则死。嘑尔而

与之，行道之人弗受；蹴尔而与之，乞人不屑也。(《孟子·告子上》)

今有人于此，虽若爱其子。(《墨子·天志中》)

愀然改容，超若自失。(《史记·司马相如列传》)

焕乎其有文章。(《论语·泰伯》)

君哉舜也！巍巍乎有天下而不与焉。(《孟子·滕文公上》)

表示情态的副词中有一个"相"，常常起代替宾语的作用。"相"本是"互相"的意思，因之"相×"之下，不再用宾语。口语也只有在"相信"之下用宾语，如说，"我相信你"，"相信"一词只是"信任"的意思，已经没有"互相"的意思了。

天地万物与我并生，类也。类无贵贱，徒以大小智力而相制，迭相食，非相为而生之。(《列子·说符》)
"相制""相食"便是万物彼此宰制，彼此吞食的意思。

四、表数副词

8·9　表示数量的副词，除用数词外，还有一些别的词：

若止印三二本，未为简易。(沈括：《梦溪笔谈》)

夫五人之死，去今之墓而葬焉，其为时止十有一月耳。(张溥：《五人墓碑记》)

男女衣着，悉如外人。黄发垂髫，并怡然自乐。见渔人，乃大惊，问所从来。具答之，……村中闻有此人，咸来问讯。自云先世避秦时乱，率妻子邑人来此绝境，不复出焉，遂与外人间隔。(陶潜：《桃花源记》)
"悉""并""具""咸"表数之全，"复"等于"再"。

断头置城上，颜色不少变。(张溥：《五人墓碑记》)

遂于蒿莱中侧听徐行，似寻针芥。而心、目、耳、力俱穷，绝无踪响。(《聊斋志异·促织》)

8·10　这类副词一般都在主语后动词前。只有作"仅仅""只有"解的"唯""独"诸字，如果它所修饰的不是一个词，而是主语的情况，则常在主语前：

惟博陵崔州平、颍川徐庶元直与亮友善，谓为信然。(《三国志·诸葛亮传》)

子谓颜渊曰："用之则行，舍之则藏，唯我与尔有是夫！"(《论语·述而》)

方今唯秦雄天下。(《史记·鲁仲连列传》)

子布、元表诸人各顾妻子，挟持私虑，深失所望；独卿与子敬与孤同耳。(《资治通鉴》：赤壁之战)

五、时地副词

8·11　表示时间的副词，除用一些时间词外，还有一些别的词：

自冯瀛王始印五经已后，典籍皆为板本。(沈括：《梦溪笔谈》)

以手拂之，其印自落，终不沾污。(同前)

巨是凡人，偏在远郡，行将为人所并。(《资治通鉴》：赤壁之战)

君既为府吏，守节情不移。贱妾留空房，相见常日稀。(《古诗为焦仲卿妻作》)

吾意久怀忿，汝岂得自由！……吾已失恩义，会不

相从许！（同前）

　　卿但暂还家,吾今且报府。（同前）

　　登即相许和,便可作婚姻。（同前）

　　沛公至军,立诛杀曹无伤。（《史记·项羽本纪》）

这类表示时点的副词,有的放在句首（如"初""昔者"等等）,有的放在动词前。若表示时段,则仍放在动词后：

　　坐须臾,沛公起如厕。（《史记·项羽本纪》）

8·12　较长的表示动作的时间和地点的副词性短语一般放在句首,而且可以作一停顿：

　　寒暑易节,始一反焉。（《列子·汤问》）

　　为（同于）其来也,臣请缚一人过王而行。（《晏子春秋·内篇杂下》）

　　酒酣,吏二缚一人诣王。（同前）

　　至于今,郡之贤士大夫请于当道,即除魏阉废祠之址以葬之。（张溥：《五人墓碑记》）

　　今十步之内,王不得恃楚国之众也。（《史记·平原君列传》）

　　泰山之阳,汶水西流；其阴,济水东流。（姚鼐：《登泰山记》）

　　大阉之乱,缙绅而能不易其志者,四海之大,有几人欤？（张溥：《五人墓碑记》）

以末一句论,"大阉之乱"是说明时间的,"四海之大"是说明范围的。本句主文是"缙绅而能不易其志者有几人欤",什么时候呢？ 在"大阉之乱"的时候；什么范围呢？ "四海之大"的范围。这两个短语都是副词性短语。

8·13　用时间词"岁""日"诸字作副词,如果在有动作性的动词前,便是"每岁""每日"的意思:

岁十一月,徒杠成。(《孟子·离娄下》)——每年十一月,渡行人的方木桥筑成了。

其始,太医以王命聚之,岁赋其二。(柳宗元:《捕蛇者说》)

草行露宿,日与北骑相出没于长淮间。(文天祥:《指南录后序》)

今吾日计之而不足,岁计之而有余。(《庄子·庚桑楚》)

如果在形容词之前,表示情态发展的情况,"日"字便是"一天一天地"的意思:

自吾氏三世居是乡,积于今六十岁矣,而乡邻之生日蹙。(柳宗元:《捕蛇者说》)

于是与亮情好日密。(《三国志·诸葛亮传》)

六、否定副词

8·14　表示否定的副词,我们分为三类:(一)叙述的否定,(二)命令的否定,(三)疑问的否定。

表示叙述的否定,又分三组:"是""为"诸义动词的否定,"有"的否定,一般行为和情况的否定。

8·15　"是"的否定是"非"。在古文中,"是"和"非"常常是相对待的两个词。如:

陈臻问曰:"前日于齐,王馈兼金一百而不受;于宋,馈七十镒而受;于薛,馈五十镒而受。前日之不受

是,则今日之受非也;今日之受是,则前日之不受非也。夫子必居一于此矣。"(《孟子·公孙丑下》)

彼亦一是非,此亦一是非。(庄子:《齐物论》)

"是"作为联系性的动词,古文常常不用,以后将详细谈。若是否定,便用"非"字,等于口语的"不是",而它便以否定副词的身分居于述说词的地位了:

庄子与惠子游于濠梁之上。庄子曰:"儵鱼出游从容,是鱼之乐也。"惠子曰:"子非鱼,安知鱼之乐?"庄子曰:"子非我,安知我不知鱼之乐?"(《庄子·秋水》)

为是其智弗若与?曰:非然也。(《孟子·告子下》)——不是这样的。

非刘豫州,莫可以当曹操者。(《资治通鉴》:赤壁之战)

上古还用"匪"字:

我心匪石,不可转也;我心匪席,不可卷(卷)也。(《诗经·邶风·柏舟》)

还可以用"无乃","无乃"相当于"不是",但只用于反诘句中。

居简而行简,无乃大简乎?(《论语·雍也》)——在"简单"的基础上,又以简单行之,不是太简单了吗?

微生亩谓孔子曰:"丘何为是栖栖者与?无乃为佞乎?"(《论语·宪问》)——你孔丘为什么这样栖栖皇皇不安于居到处奔走呢?不是要逞口才吗?

季氏将伐颛臾。冉有季路见于孔子曰:"季氏将有事于颛臾。"孔子曰:"求!无乃尔是过与?"(《论语·季氏》)——冉求!不是你的过错吗?

今君王既栖于会稽之上,然后乃求谋臣,无乃后乎?(《国语·越语上》)——"无乃后乎",不是迟了吗?

是以带甲万人事君也,无乃即伤君王之所爱乎?(《国语·越语上》)——这是以一万甲兵对待你,不是就会伤害你的所爱吗?

偶然也用"不为"两字:

此不为远者小而近者大乎?……此不为近者热而远者凉乎?(《列子·汤问》)

苟主社稷,国内之民其谁不为臣?(《左传·庄公十四年》)

但是,有许多"不为",不便于用"非"字替代,它和"非"有些不同,与其译成"不是",不如译为"不算":

万乘之国,弑其君者,必千乘之家。千乘之国,弑其君者,必百乘之家。万取千焉,千取百焉,不为不多矣。(《孟子·梁惠王上》)

齐卿之位,不为小矣;齐滕之路,不为近矣。(《孟子·公孙丑下》)

"非"字又常和"徒"字结合,表示"不仅""不但"的意思。"非徒"不能改作"不徒":

助之长者,揠苗者也——非徒无益,而又害之。(《孟子·公孙丑上》)

又有用"非惟""非直""非独"的:

然操遂能克绍,以弱为强者,非惟天时,抑亦人谋也。(《三国志·诸葛亮传》)

非直为观美也。(《孟子·公孙丑下》)——不仅为美观咧。

　　非独贤者有是心也，人皆有之。(《孟子·告子下》)——不仅贤人有这种心志咧，人人都有。

8·16　"有"的否定是"无"，"无"等于口语的"没有"。因之，可以说它是动词。

　　自三峡七百里中，两岸连山，略无阙处。(郦道元：《水经注》)

　　此妇无礼节，举动自专由。(《古诗为焦仲卿妻作》)

"无"，也有写成"毋"或者"先"的：

　　身自持筑臿，胫毋毛。(《史记·秦始皇本纪》)

　　群龙无首。(《易经·乾》)

此外，还有"亡""罔""靡"诸字：

　　军亡导，或失道。(《史记·李将军列传》)

　　士也罔极，三二其德。(《诗经·卫风·氓》)

　　室靡弃物，家无闲人。(归有光：《先姚事略》)

也偶然用"不有"两字的，但只用于无主语的分句：

　　不有博奕者乎？为之，犹贤乎已。(《论语·阳货》)

　　不有居者，谁守社稷？不有行者，谁正牧圉？(《左传·僖公二十八年》)

另外有个"微"字，用法和"无"不同，而和"不有"相似，只能用于无主语的假设语气的分句：

　　微管仲，吾其被发左衽矣！(《论语·宪问》)——假若没有管仲，我怕要披头散发，衣襟向左边开(当时异族的风俗习惯)了。

　　微夫人之力不及此。(《左传·僖公三十年》)——

若没有那个人的力量,我到不了今天。

微禹,吾其鱼乎!(《左传·昭公元年》)——如果没有禹(治洪水),我怕要变成鱼啦!

是日,微樊哙犇入营谯让项羽,沛公事几殆。(《史记·樊哙列传》)——这一天,若没有樊哙跑到军营里责备项羽,沛公的事业危乎殆哉。

8·17 "不"字是一般的否定,"不为""不有",文言中的例句已如上述。几乎所有形容词和动词之上都可以用"不"字来否定。然而用"不"字最多的还是一般动作和情况的否定。

和"不"字同义的还有一个"弗"字。秦汉以前,"弗"和"不"的用法有区别:

"弗"专用于应有宾语而省略了的句子里,其作用相当于"不×之":

以楚之强,天下弗能当。(《史记·平原君列传》)——"不能当之(楚)"。

问:"何以战?"公曰:"衣食所安,弗敢专也,必以分人。"对曰:"小惠未遍,民弗从也。"公曰:"牺牲玉帛,弗敢加也,必以信。"对曰:"小信未孚,神弗福也"。(《左传·庄公十年》)

一箪食,一豆羹,得之则生,弗得则死。嘑尔而与之,行道之人弗受。(《孟子·告子上》)

"弗敢专""弗敢加"等于"不敢专有它(所安的衣食)""不敢夸大它(牺牲玉帛)";"弗从""弗福"等于"不听信你""不保佑你"。"弗得"即"不得之","弗受"即"不受之"。

"不"可以代替"弗"：

> 明日，徐公来，熟视之，自以为不如；窥镜而自视，又弗如远甚。(《战国策·齐策》)

"不如""弗如"交换使用，都是"不如之(徐公)"的意思。

秦汉以后"不""弗"不分。秦汉以前，"弗"代替宾语未曾省略的句子中的"不"，只是例外：

> 虽与之俱学，弗若之矣。(《孟子·告子上》) —— 用"弗"，而动词"若"下有宾语"之"字。下文"为是其智弗若与"又无"之"字。

> 丧三年，以为极亡，则弗之忘矣。(《礼记·檀弓》) —— 用"弗"，"忘"字仍有宾语"之"，倒装在上。

8·18　叙述的否定又有"未"字，而"未"和"不"不同。"未"不等于"不"，而等于"不曾"。它不是行动的否定，也不是情况的否定，而是历程的否定，事实的否定。因此，一般形容词之上不能加"未"；"不有"等于"无"，"未有"则不等于"无"，而等于"不曾有"；"不爱"是否定"爱"的活动，而"未爱"则是否定"爱"的这一历程，这一事实。

> 南阳刘子骥，高尚士也，闻之，欣然规往。未果，寻病终。(陶潜：《桃花源记》)

> 计未定，求人可使报秦者，未得。(《史记·廉颇蔺相如列传》)

> 冥搜未已，一癞头蟆猝然跃去。(《聊斋志异·促织》)

如果要加强"不曾"的意思，表示"从来不曾"，便用"未尝"：

> 问其与饮食者，尽富贵也，而未尝有显者来。(《孟

子·离娄下》）

秦自缪公以来二十余君，未尝有坚明约束者也。
（《史记·廉颇蔺相如列传》）

吾他日未尝学问，好驰马试剑。（《孟子·滕文公上》）

8·19　古人也偶有把"未"字当作"不"用的，后来却不如此了。

夫以疲病之卒御狐疑之众，众数虽多，甚未足畏。
（《资治通鉴》：赤壁之战）

所食之粟，伯夷之所树与？抑亦盗跖之所树与？是未可知也。（《孟子·滕文公下》）

人固未易知，知人亦未易也。（《史记·范睢蔡泽列传》）——意思是"人固不易被知，知人也不容易"。

8·20　命令的否定，即表禁止，古文常用"毋""勿"两字。"毋"字又有时写作"无"。

项伯乃夜驰之沛公军，私见张良，具告以事，欲呼张良与俱去。曰："毋从俱死也！"（《史记·项羽本纪》）

秦始皇帝游会稽，渡浙江，梁与籍俱观。籍曰："彼可取而代也。"梁掩其口曰："毋妄言！族矣！"（《史记·项羽本纪》）

关羽张飞等不悦。先主解之，曰："孤之有孔明，犹鱼之有水也。愿诸君勿复言！"羽飞乃止。（《三国志·诸葛亮传》）

瑜复见权曰："……瑜得精兵五万，自足制之。愿将军勿虑。"（《资治通鉴》：赤壁之战）

无友不如己者！（《论语·学而》）

无欲速,无见小利! 欲速则不达,见小利则大事不成。(《论语·子路》)

"莫"字和"休"字是后代才常用的字：

愿早定大计,莫用众人之议也!(《资治通鉴》:赤壁之战)

独自莫凭栏! 无限江山,别时容易见时难。(李后主:《浪淘沙》)

明月楼高休独倚! 酒入愁肠,化作相思泪。(范仲淹:《苏幕遮》)

8·21 "毋""勿"两字除掉命令的否定(即禁止)外,也可以表示意愿：

赵王畏秦,欲毋行。(《史记·廉颇蔺相如列传》)

赵王与大将军廉颇诸大臣谋：欲予秦,秦城恐不可得,徒见欺；欲勿予,即患秦兵之来。(同前)

楚王曰:"吾请无攻宋矣。"(《墨子·公输》)

8·22 疑问的否定常用"不""否""无""未"诸字。把这些字放在句末,表示疑问：

于是王召见,问蔺相如曰："秦王以十五城请易寡人之璧,可予不? "(《史记·廉颇蔺相如列传》)

"可予不"也可以说是"可予,不可予","可予不"则是反复问句的省略。下举诸例也可以同此看法：

容问元方："尊君在不? "(《世说新语·方正》)

知否知否? 应是绿肥红瘦。(李清照:《如梦令》)

绿蚁新醅酒,红泥小火炉；晚来天欲雪,能饮一杯无? (白居易:《问刘十九》)

因谓亮曰："今日上不至天,下不至地;言出子口,入于吾耳。可以言未?"(《三国志·诸葛亮传》)

君自故乡来,应知故乡事。来日绮窗前,寒梅着花未?(王维:《杂诗》)

七、表敬副词

8·23　文言中还有一种副词,常用于对话中,并无具体意义,只是表示对人的尊敬或者对己的谦卑,这是表示敬让的副词。

表示尊人的:

臣请缚一人过王而行。(《晏子春秋·内篇杂下》)

楚王曰:"吾请无攻宋矣。"(《墨子·公输》)

璧有瑕,请指示王。(《史记·廉颇蔺相如列传》)

这些"请"字和"郡之贤士大夫请于当道"(张溥:《五人墓碑记》)"寡人窃闻赵王好音,请奏瑟"的"请"字不同。"请于当道"是"向当局请求"的意思,"请奏瑟"是"请你(赵王)奏瑟"的意思,"请"都是动词,有实际的意义。而上面所举的三个"请"字,则不必作"请求"的解释,只是表示客气而已。

譬如《墨子》的楚王曰:"吾请无攻宋矣",攻宋与否,由楚王本人决定,没有对谁请求或不请求的必要。可见这里的"请"字纯粹为表敬性质了。又如:

西门豹曰:"至为河伯娶妇时,愿三老、巫祝、父老送女河上,幸来告语之,吾亦往送女。"(褚少孙:《史记·滑稽列传补》)

臣从其计,大王亦幸赦臣。(《史记·廉颇蔺相如列传》)

这两个"幸"字也和"贼二人得我,我幸皆杀之矣"(柳宗元:《童区寄传》)的"幸"有虚实的分别。"我幸皆杀之矣"的"幸"虽然也是副词,意义却比较实在些,以一小儿连杀二强贼,自然是"幸"。而上面两例的"幸"意义比较空虚,只能作表敬词看。

这类副词还有"谨""敬""敢""辱""惠"诸字。它们的意义虽有不同,其为表敬则一:

楚王曰:"唯唯,诚若先生之言,谨奉社稷而以从。"(《史记·平原君列传》)

张良曰:"谨诺。"(《史记·项羽本纪》)

长桑君亦知扁鹊非常人也,出入十余年,乃呼扁鹊私坐,间与语曰:"我有禁方,年老,欲传于公,公毋泄!"扁鹊曰:"敬诺。"(《史记·扁鹊仓公列传》)

赤也惑,敢问。(《论语·先进》)

子,一国太子,辱在此。(《史记·晋世家》)

子惠思我,褰裳涉溱。(《诗经·郑风·褰裳》)

8·24　自卑的表示敬让的副词有"窃""伏""忝""猥"诸字:

臣窃以为其人勇士,有智谋,宜可使。(《史记·廉颇蔺相如列传》)

寡人窃闻赵王好音,请奏瑟。(同前)

伏惟圣主之恩,不可胜量。(《汉书·杨恽传》)

弥大怒曰:"太守忝荷重任,当选士报国;尔何人,而讹诈无状!"(《后汉书·史弼传》)

猥以微贱,当侍东宫,非臣陨首所能上报。(李密:《陈情表》)

八、应对副词和命令副词

8·25　应对的词,如"然""否",虽然单独使用,却是向对方表达(包括请托与疑问)的一种肯定或否定;从其性质说,仍可归于副词一类。

毛遂按剑而前曰:"……合从者为楚,非为赵也。……"楚王曰:"唯唯,诚若先生之言。谨奉社稷而以从。"(《史记·平原君列传》)

于是入朝见威王,曰:"……由此观之,王之蔽甚矣。"王曰:"善。"(《战国策·齐策》)

亮答曰:"……诚如是,则霸业可成,汉室可兴矣。"先主曰:"善。"(《三国志·诸葛亮传》)

子墨子曰:"胡不见我于王?"公输盘曰:"诺。"(《墨子·公输》)

谓沛公曰:"旦日不可不蚤自来谢项王。"沛公曰:"诺。"(《史记·项羽本纪》)

曰:"我持白璧一双,欲献项王;玉斗一双,欲与亚父。会其怒,不敢献。公为我献之。"张良曰:"谨诺。"(《史记·项羽本纪》)

曰:"是鲁孔丘之徒与?"对曰:"然。"(《论语·微子》)

万章问曰:"人有言,至于禹而德衰,不传于贤而传于子,有诸?"孟子曰:"否,不然也。"(《孟子·万章上》)

"请问蹈水有道乎？"曰："亡，吾无道。"(《庄子·达生》)

8·26　命令副词只有"尚""其"几个字,表示命令语气,一般用于对称词之下：

尔尚辅予一人！(《书经·汤誓》)

吾子其无废先君之功！(《左传·隐公三年》)

与尔三矢,尔其无忘乃父之志！(欧阳修：《五代史伶官传论》)

九、副词用如连系性动词

8·27　连系性的动词"是""为"诸字,文言中常不用。如果其上有副词,便以那副词居于动词之位置,起连系的作用：

即今之傫然在墓者也。(张溥：《五人墓碑记》)——"即"相当"就是"。

斯固百世之遇也。(同前)——"固"相当于"本来是"。

则尽富贵也。(《孟子·离娄下》)——"尽"相当于"尽是"。

非死,则徙尔。(柳宗元：《捕蛇者说》)——不是死,就是搬走了。

且相如素贱人,吾羞,不忍为之下。(《史记·廉颇蔺相如列传》)——而且蔺相如素来是卑贱之人,我认为羞耻,不甘心自己的职位在他之下。

曰："此则距心之罪也。"……王曰："此则寡人之罪也。"(《孟子·公孙丑下》)——这个就是我孔距心的罪。……这个就是我的罪。

例外是有的,如在宾语是动宾结构或者子句以及其他非体词结构时,用"则"字又用"是"字,"则是"连用:

> 臣闻郊关之内有囿方四十里,杀其麋鹿者如杀人之罪,则是方四十里为阱于国中。(《孟子·梁惠王下》)

> 孟子去齐。尹士语人曰:"不识王之不可以为汤武,则是不明也;识其不可,然且至,则是干泽也。"(《孟子·公孙丑下》)

> 吾闻夷子墨者。墨之治丧也,以薄为其道也。夷子思以易天下,岂以为非是而不贵也?然而夷子葬其亲厚,则是以所贱事亲也。(《孟子·滕文公上》)

又有"则为"连用的,一般是加重语气,并含有"认为"之意:

> 今有场师,舍其梧槚,养其樲棘,则为贱场师焉。养其一指而失其肩背而不知也,则为狼疾人也。(《孟子·告子上》)

> 有人于此,力不能胜一匹雏,则为无力人矣。今日举百钧,则为有力人矣。(《孟子·告子下》)

十、名词作副词用

8·28 有些名词和名词语用如副词的,或者表示操作的工具和方法,这类用法可以加"以"字来解释它。

> 木格贮之。(沈括:《梦溪笔谈》)——以木格贮之。
> 布囊其口。(柳宗元:《童区寄传》)——以布囊罩其口。

> 以缚背刃,力下上,得绝。(同前)——用力地一上

一下。

箕畚运于渤海之尾。(《列子·汤问》)——以箕畚运至渤海之尾。

十九人相与目笑之。(《史记·平原君列传》)——以目笑之。

笼养之。(《聊斋志异·促织》)——用笼子养着它。

刘备周瑜水陆并进。(《资治通鉴》:赤壁之战)——从水上陆上同时并进。

从之利害,两言而决耳。(《史记·平原君列传》)——用两句话就可以决定的。

或者表示动作的地点与态度:

群臣吏民能面刺寡人之过者,受上赏。(《战国策·齐策》)——当面批评我的错误的。

夫以秦王之威,而相如廷叱之。(《史记·廉颇蔺相如列传》)——在朝廷中叱责他。

草行露宿。(文天祥:《指南录后序》)——在草中行走,露野歇宿。

或者表示对待他人的态度:

人皆得以隶使之。(张溥:《五人墓碑记》)——"得以"是一个词,"以"字不属"隶"。"隶使之"等于说"像奴隶一般去使唤他"。

沛公曰:"君为我呼入,吾得兄事之。"(《史记·项羽本纪》)——以兄礼对待他。

楚田仲以侠闻,喜剑,父事朱家。(《史记·游侠列传》)——事朱家如父。

还有一种是以别的事物来表示主语动作的态度的：

云集而响应。（贾谊：《过秦论》）——如"云"集，如"响"（回声）应。

此特群盗鼠窃狗盗耳。（《史记·叔孙通列传》）

秉心金石固，岂从时俗倾？（陆云：《为顾彦先赠妇诗》）——秉心像金石一样坚固。

还有一种，可以加"依""按"这类的字来解释它，这是表示形势或者道理的：

孤与老贼势不两立。（《资治通鉴》：赤壁之战）

燕畏赵，其势必不敢留君。（《史记·廉颇蔺相如列传》）

今两虎共斗，其势不俱生。（同前）

且将军大势可以拒操者，长江也。（《资治通鉴》：赤壁之战）

予分当引决。（文天祥：《指南录后序》）——我按道理，应该自杀。

至于把宾语提作副词者只是罕有的现象：

肉食者谋之，又何间焉？（《左传·庄公十年》）

第九章 介 词

一、介词的宾语

9·1　介词是关系词的一种，一般的用法是，介绍实体词以及短语以与述说词发生关系。所介绍的实体词或者短语，和在动词下且受那动作影响所及的事物一样，也叫宾语。介词和它的宾语，在句中的作用与地位，常常等于副词语。试看下一句，

> 是故败吴于囿，又败之于没，又郊败之。（《国语·越语》）

"于囿""于没""郊"都是表明越国打败吴国的地点，都是动词"败"的附加成分。

"郊"则直接加于动词之上，以名词而起副词的作用。

"囿""没"则由介词"于"介绍而与动词发生关系。但它们在句中的作用是相同的。

以实体词为介词宾语的最常见：

> 齐田氏祖于庭。（《列子·说符》）——"庭"，名词。
> 叫嚣乎东西，隳突乎南北。（柳宗元：《捕蛇者说》）——"东西"，"南北"方位词，也是名词。

由此观之。(《战国策·齐策》)——"此",指代词。
　　也常有用名词语为介词宾语的：
　　　　以松脂、蜡和纸灰之类冒之。(沈括:《梦溪笔谈》)
这一句，"和"是动词，读去声。"松脂、蜡和纸灰之类"等于说
"松脂、蜡与纸灰相混合的这类东西"，仍是名词语。
　　　　于诸侯之约，大王当王关中。(《史记·淮阴侯列传》)
　　　　战善者因其势而利导之。(《史记·孙武列传》)
"诸侯之约""其势"都是名词语，而为介词"于""因"的宾语。
　　　　表示时间或者原因或者比较以及说话的内容的副词语，
有时用动词、动宾短语以至子句作为介词宾语：
　　　　及反，市罢。(《韩非子·外储说》)
"反"即"返"。这句话的意思是"等(他)回来,市场已经闭
市"。"反"是动词。
　　　　至之市而忘操之。(同前)
"之"是动词。这句话的意思是"等(他)到了市场,忘记把它
(鞋子尺码)带来"。"之市"是动宾短语。
　　　　当在宋也，予将有远行。(《孟子·公孙丑下》)
"当"字下面，口语一般用"的时候"。"当……时"，古人有如此
说的，如："当是时，项王军在鸿门下"(《史记·项羽本纪》)，
但不必非如此不可。口语"当……的时候"却成了格式。这
句"当在宋也"，译为口语，应当是"当(我)在宋国的时候"，
可是文言却以"在宋"的动宾短语为宾语。
　　　　以上都是表示时间的副词语。
　　　　而吾以捕蛇独存。(柳宗元:《捕蛇者说》)
"捕蛇"是动宾短语，为"以"的宾语，表明"独存"的缘故。

这是表示原因的副词短语。

还有表示比较的副词语,也偶用短语做介词宾语:

> 蜀道之难,难于上青天。(李白:《蜀道难》)

还有表示内容的副词语,常用短语做介词宾语:

> 即具以北虚实告东西二阃,约以连兵大举。(文天
> 祥:《指南录后序》)

"连兵大举"是连动式的动词语,为"约"的内容,而为"以"
的宾语。

在这几种情况下,介词宾语,事实上不能限于实体词和名
词语,正如在表意念的动词"欲""见"诸词下,其宾语也不能
限于实体词和名词语一样。

二、介宾结构的变式用法

9·2　上文说过,介词和其宾语一般作副词语用,但也有
不尽如此的情况。从这些例外的情况深入探讨,其精神实质,
仍合于这一条规律,不过形式上加以某种变化罢了。

这种例外,大约有两种。

一种是"于"字的一种用法:

> 天之于民厚矣。(《列子·说符》)

从这一句看,"民"字为"于"所介绍,不作述说词"厚"
的宾语,而和名词"天"字结合,成为"厚"的主语。其实,这
句仍是"天厚于民"的变句。"天厚于民"是合于上一规律的
("于民"为"厚"的副词语),不过是直陈语气,说起来平谈无
力。说话者为着强调一下,把直陈语气改为惊叹语气,便把句
的格式加以变化了。与这类似的句子,如:

麒麟之于走兽,凤凰之于飞鸟,泰山之于丘垤,河海之于行潦,类也;圣人之于民,亦类也。(《孟子·公孙丑上》)

口之于味也,有同耆(嗜)焉;耳之于声也,有同听焉;目之于色也,有同美焉。(《孟子·告子上》)

且今时赵之于秦犹郡县也。(《史记·张仪列传》)

"圣人之于民,亦类也",即是由"圣人亦类于民"变化来的。"口之于味也有同耆焉",如果改为常句,便是"口有同耆于味"。可见介词及其宾语,形式上虽然做了主语之一部分,实质上不过是把副词语提前了。再看下例:

始吾于人也,听其言而信其行;今吾于人也,听其言而观其行。(《论语·公冶长》)

这两句的"于人"仍是副词语,不过把它强调而又作一小停顿罢了。如果当中加一"之"字,又变成前式,而为主语的组成部分了:

君子之于禽兽也,见其生,不忍见其死;闻其声,不忍食其肉,是以君子远庖厨也。(《孟子·梁惠王上》)

9·3 第二种是"自(从)……以来(后,下……)"的格式。"自……以来"的格式一般仍作副词语用:

从是以后,不敢复言河伯娶妇。(褚少孙:《史记·滑稽列传补》)

自董卓已来,豪杰并起,跨州连郡者不可胜数。(《三国志·诸葛亮传》)

亭东自足下皆云漫。(姚鼐:《登泰山记》)——日观亭的东面从脚以下都弥漫着云雾。

自有生民以来,未有孔子也。(《孟子·公孙丑上》)

但也有作形容语的：

召有司案图,指从此以往十五都予赵。(《史记·廉颇蔺相如列传》)

秦自缪公以来二十余君,未尝有坚明约束者也。(同前)

"从此以往十五都"等于说"从这里(有司案图之处)以下的十五个城邑","从此以往"为"十五都"的附加语。"自缪公以来二十余君",同样,"自缪公以来"为"二十余君"的附加语,而都是形容词性的。

有时只留下附加语,而把被修饰的名词省略了：

自郐以下无讥焉。(《左传·襄公二十九年》)

这句话的意思是"从桧风以下的诗章便没有评论了"。"自郐以下"是指诗章而言,因为上文已有叙说,这里便加省略。又如：

若惠顾敝邑,抚有晋国,赐之内主……其自唐叔以下,实宠嘉之。(《左传·昭公三年》)

宣子拜稽首焉,曰："起也将亡,赖子存之。非起也敢专承之,其自桓叔以下,嘉吾子之赐。"(《国语·晋语》)

"自唐叔以下"谓"自唐叔以下的晋国历代祖先"。唐叔是晋国的始祖。"自桓叔以下"意思也如此。"桓叔"是韩宣子(韩起)的始祖,意思便是"从我的始祖以下的历代祖先"。

三、介词的类别和形态

9·4　介词的数目相当多,常用的是"于""以""为""与"几个字。这些字,"于"字("于"字用法和"於"相同,上古用

"于"的多，后来用"於"的多；偶尔也用"乎"字）是纯粹的虚词，"以""为""与"以及其他的介词，多少带了点动作性，因此"于"和其他介词在形态上有显明的区别：

（一）动词可以用小品词"所"字黏附其上变成名词短语，如"问女何所思""女亦无所思"（《木兰辞》）的"所思"。"以""为""与"以及其他介词既多少带点动作性，便也有此形态。"所以""所与""所自""所因"都可以说（详12·4）。"于"字"乎"字无动作性，便不能加"所"字，说成"所于""所乎"。和"于"字意思大体相同的"在"字，有动作性，因此可以说成"所在"。

（二）"以""为""与"诸字下的宾语可以省略（详后），也可以用代词"之"字。

这和动词的形态也相似。但是"於""于""乎"之下不但必须用宾语，而且不能用"之"字。如果要说"于之"，便用兼词"焉"字。"吴之民方痛心焉"（张溥：《五人墓碑记》）就是"吴之民方痛心于他（之）"的意思。

（三）以疑问代词作介词宾语，也和作动词宾语一样，一般用倒装法。如"问何以（以何）战"（《左传·庄公十年》）"何为（为何）不去也"（《礼记·檀弓》）"晨门曰：奚自（自何处来）"（《论语·宪问》）。碰到"于"字则不倒装。"在何处"，可以说成"于何"，如韩愈的"于何考德而问业焉"，不说为"何于"。"恶乎"等于"在哪里"，倒装①。但"乎"字只能和"恶"字结合，不能和其他疑问词结合，又当别论。

---

① 《孟子·梁惠王上》"天下恶乎定"，这"恶乎"当"如何"解，与一般的"恶乎"不同义。

（四）"以""为""与"诸词,有时允许副词或者助动词置于其上,如"相为而生之""非天本为人而生之"(《列子·说符》),"甚与孤合","孤当与孟德决之";"于"字则不能如此。如动词上有助动词和副词,"于……"的副词语一般放在动词下,如"自比于管仲乐毅"(《三国志·诸葛亮传》)就是"自与管仲乐毅比"的意思。而"乎……"则没有放在动词前的例子,其上更不许有助动词和副词。

"于"和"以""与""为"诸字虽有这些因性质不同而形态有异的区别,却不妨同为介词。因为有一点是相同的:它和它的宾语对其所介绍的述说词起副词语的作用。这是基本的一点。正如在口语的介词(有人叫它为副动词)中,尽管"把""被"两字和"当""在"等字有不同的性质和用法,而它们带着它们的宾语起副词语的作用是相同的,便不妨都是介词或者副动词。

四、"于"的用法

"于"的用法最多,我们竟不妨说,凡是需用一个介词而"以""为""与""自"等字用之都不妥当的地方,大率都可以用"于"。

9·5 （一）"于"字最常见的用法是介进地位词,表明动作的地点、位置等。

> 为小门于大门之侧。(《晏子春秋·内篇杂下》)
> 齐田氏祖于庭。(《列子·说符》)
> 旦暮罄于前。(《韩非子·外储说》)
> 庞涓死于此树之下。(《史记·孙子列传》)

叫嚣乎东西,隳突乎南北。(柳宗元:《捕蛇者说》)

今虽死乎此。(同前)

以上是副词语后置的例子,这是文言常例。但也有前置的:

于败堵丛草处探石发穴。(《聊斋志异·促织》)

遂于蒿莱中侧听徐行。(同前)

这类"于"字都和口语"在"字相当。文言也有用"在"的:

子在齐闻韶,三月不知肉味。(《论语·述而》)

在陈绝粮。(《论语·卫灵公》)

"在……"一般是置于动词之前的,口语除用于"死""生""坐"等动词不带宾的语句中的可以后置外,也都前置。

时间词表示时点的,一般直接置于句首或句中(见4·17),用介词介入的不常见。若用介词,有时仍前置:

子于是日哭,则不歌。(《论语·述而》)

于威宣之际,孟子荀卿之列咸遵夫子之业而润色之。(《史记·儒林列传》)

9·6 (二)"于"又可以相当于口语的"到",介入时间词或地位词:

平原君曰:"先生处胜之门下,几年于此矣?"毛遂曰:"三年于此矣。"(《史记·平原君列传》)

自吾氏三世居是乡,积于今六十岁矣。(柳宗元:《捕蛇者说》)

以上表示时间,以下表示地点:

子墨子闻之,起于鲁,行十日十夜而至于郢。(《墨子·公输》)

自京师……至于泰安。(姚鼐:《登泰山记》)

鸡鸣狗吠相闻而达乎四境。(《孟子·公孙丑上》)

9·7 （三）"于"字又可以当"从""自"诸字用：

子墨子闻之,起于鲁。(《墨子·公输》)

今燕虐其民,王往而征之,民以为将拯己于水火之中也。(《孟子·梁惠王下》)

谓狱中语乃亲得之于史公云。(方苞:《左忠毅公逸事》)

出乎尔者,反乎尔者也。(《孟子·梁惠王下》)

9·8 （四）表动作的对象,相当于口语的"对于""向"等：

四境之内,莫不有求于王。(《战国策·齐策》)

胡不见我于王？(《墨子·公输》)

鲁肃闻刘表卒,言于孙权曰……(《资治通鉴》:赤壁之战)

诸葛亮谓刘备曰："事急矣,请奉命求救于孙将军。"（同前）

或问乎曾西曰："吾子与子路孰贤？"(《孟子·公孙丑上》)

9·9 （五）表示动作的趋向,相当于口语的"给"字：

使狐偃将上军,让于狐毛而佐之。(《左传·僖公二十七年》)

上与梁王燕饮,尝从容言曰："千秋万岁后,传于王。"(《史记·梁孝王世家》)

东方朔割炙于细君。(《汉书·扬雄传》)

9·10 （六）"于"又可以放在描写词之下,实际表示叙述的对象：

荆国有余于地而不足于民。(《墨子·公输》)

"有余于地而不足于民"自然可以说成"地有余而民不足","有余""不足"实是"地""民"的描写语。

非常之谋,难于猝发。(张溥:《五人墓碑记》)

今寇众我寡,难于持久。(《资治通鉴》:赤壁之战)

是敢于杀人,不敢于养人也。(《北齐书·邢邵传》)

不明乎善,不诚其身矣。(《孟子·离娄上》)

《诗》云,"既醉以酒,既饱以德",言饱乎仁义也。(《孟子·告子上》)

又有把"于……"提前的:

我于辞命,则不能也。(《孟子·公孙丑》)

9·11 (七)表示比较,有差别的可译为"比",不曾表明差别的可译为"和":

美于徐公。(《战国策·齐策》)——比徐公美。

毛先生以三寸之舌,强于百万之师。(《史记·平原君列传》)——比百万之师强。

毛先生一至楚,而使赵重于九鼎大吕。(同前)

使同乎若者正之,既与若同矣,恶能正之? 使同乎我者正之,既同乎我矣,恶能正之?(《庄子·齐物论》)——使和你相同的人来判断它,既然和你相同,何能正确判断呢?

每自比于管仲乐毅。(《三国志·诸葛亮传》)

曹操比于袁绍,则名微而众寡。(同前)

9·12 (八)在主语为受事者的句子里,"于"字可以把主动者介绍过来:

兵破于陈涉,地夺于刘氏。(《汉书·贾谊传》)

激于义而死。(张溥:《五人墓碑记》)

吾不能举全吴之地,十万之众,受制于人。(《资治通鉴》:赤壁之战)

9·13 (九)在表示一个人对一件事物的意旨的句子里,有时把那件事物作主语,而用"于"字把表意旨的主动者介绍出来:

食夫稻,衣夫锦,于汝安乎?(《论语·阳货》)

这句话本是,"(在丧服之中),你对于吃细粮穿花缎心安吗",此处却说为"吃那个细粮,穿那个花缎,对你心安吗"。

不义而富且贵,于我如浮云。(《论语·述而》)

此布衣之极,于良足矣。(《史记·留侯世家》)

上问袁盎曰:"今吴楚反,于公何如?"(《史记·吴王濞列传》)

9·14 (十)"于"还有"在……中"的意思,这种副词语只能前置:

于齐国之士,吾必以仲子为巨擘焉。(《孟子·滕文公下》)

于姬姓,我为伯。(《左传·哀公十三年》)

燕于姬姓独后亡。(《史记·燕世家》)

儒者所谓中国者,于天下乃八十分居其一分耳。(《史记·孟荀列传》)

五、"于"的省略

9·15 "于"字之下宾语不可不要,而"于"字有时可以

不用。如果我们能够看出这种省略的痕迹,对于理解古书,颇有帮助:

林尽□水源。(陶潜:《桃花源记》)——桃花林"在"水源之处而尽。

我为赵将,有攻城野战之大功;而蔺相如徒以口舌为劳,而位居□我上。(《史记·廉颇蔺相如列传》)——位置居于我之上。

是儿少□秦武阳二岁。(柳宗元:《童区寄传》)——"比"秦武阳小二岁。

闻□寡人之耳者。(《战国策·齐策》)——为我所听到。可与"以勇气闻于诸侯"(《史记·廉颇蔺相如列传》)句相比较。

又荆州之民附操者,偪□兵势耳,非心服也。(《资治通鉴》:赤壁之战)——"被"兵势所迫。

试与他虫斗,虫尽靡。又试之□鸡,果如成言。(《聊斋志异·促织》)——试之"于"鸡,也可以说"试之以鸡"。

六、"以"的用法

9·16 "以"本有"用"的意思,而且可以当作动词,如《论语·子路》,"如有政,虽不吾以,吾其与闻之"。意思是:"假若有政治问题,虽然不用我,我也将参与而知道它。"

若当介词,和口语的"拿""用"相当,可以互译。这种用法很普遍:

以一平板按其面。(沈括:《梦溪笔谈》)

以吴民之乱请于朝。(张溥:《五人墓碑记》)

以德服人者,中心悦而诚服也。(《孟子·公孙丑下》)

还可以利用这一"以"字把双宾语中的直接宾语提出,这"以"字可译为"把":

陈子以时子之言告孟子。(《孟子·公孙丑下》)

这一句,"时子之言"和《孟子》都是"告"的宾语,如果说成"告孟子时子之言",因为两个人名混在一起,容易使原意模糊不清,自不如用"以"把直接宾语提出的好。当然,也可以说为"告孟子以时子之言",像下例就是如此的格式:

子路,人告之有过则喜。(《孟子·公孙丑上》)

如果由双宾语构成的动宾结构作短语用,最好用"以"字把直接宾语提出:

齐人无以仁义与王言者。(《孟子·公孙丑下》)

这里,"以仁义与王言"被小品词"者"字黏附着,构成一名词语,而为"无"的宾语,因之间接宾语"王"字由介词"与"字提出,直接宾语"仁义",由介词"以"字提出。如果说成"齐人无言仁义于王者",虽然也通,究竟不若原来的顺畅显豁。

此天以君授孤也。(《资治通鉴》:赤壁之战)

这句的两个宾语又都是指代词,也必须把其中的一个用介词提出,同上句一样,说成"天授君于孤",不若说成"天以君授孤",强调"君",足见孙权当时对鲁肃的言语喜悦的神情。

双宾语句或非双宾语句,也有因强调宾语而用"以"把宾语提前的:

成顾蟋蟀笼虚,则气断声吞,亦不复以儿为念。(《聊斋志异·促织》)——非双宾语句

先以书遗操，诈云欲降。(《资治通鉴》：赤壁之战) ——双宾语句

9·17 （二）"以"字又当"因"解，表示原因：

而吾以捕蛇独存。(柳宗元：《捕蛇者说》)

卒以吾郡之发愤一击，不敢复有株治。(张溥：《五人墓碑记》)

有时又可以表示所凭借之事物：

以勇气闻于诸侯。(《史记·廉颇蔺相如列传》)

这类仍与"因"义相通，故有用"因"字的：

廉颇闻之，肉袒负荆，因宾客至蔺相如门谢罪。(《史记·廉颇蔺相如列传》)

时子因陈子而以告孟子。(《孟子·公孙丑下》)

墨者夷之因徐辟而求见孟子。(《孟子·滕文公上》)

9·18 （三）可以当"与"字解，和口语的"和""同""跟"诸字相当：

滔滔者天下皆是也，而谁以易之？(《论语·微子》)

这句话的意思是"恶浊东西到处都是，跟谁去改革它呢？""谁以"，疑问倒装。

天下有变，王割汉中以楚和。(《战国策·周策》)

陛下起布衣，以此属取天下。(《史记·留侯世家》) ——与此属取天下

9·19 （四）介入时间词，当"于"字解，口译为"在"。这种副词语只能放在动词前；

文以五月五日生。(《史记·孟尝君列传》)

余以乾隆三十九年十二月，自京师……至于泰安。

（姚鼐：《登泰山记》）

9·20　（五）表示主动者所凭以动作的资格或者情况：

以能问于不能，以多问于寡。（《论语·泰伯》）——以有能力的人问于无能的人；以知识丰富的人问于知识缺少的人。

填然鼓之，兵刃既接，弃甲曳兵而走。或百步而后止，或五十步而后止。以五十步笑百步，则何如？（《孟子·梁惠王上》）——以逃跑五十步的讥笑那逃跑百步的，怎么样呢？

以万乘之国伐万乘之国，五旬而举之，人力不至于此。（《孟子·梁惠王下》）

沈同以其私问曰："燕可伐与？"（《孟子·公孙丑下》）——"以其私"，译为口语是用他个人名义。表示并不代表齐王。

无忌自在大梁时，常闻此两人贤。至赵，恐不得见。以无忌从之游，尚恐其不我欲也。（《史记·信陵君列传》）

以人民往观之者三二千人。（褚少孙：《史记·滑稽列传补》）——用人民的资格去看的三二千人。

这种发展，"以"字又可以表示用什么官衔（名义）：

翌日，以资政殿学士行。（文天祥：《指南录后序》）——用资政殿学士的名义去。

未几，贾余庆等以祈请使诣北。（同前）——以祈请使名义使于元。

9·21　（六）表示论事的标准，译为口语是"以……论"：

以贤,则去疾不足;以顺,则公子坚长。(《左传·宣公四年》)

子思之不悦也,岂不曰:以位,则子,君也;我,臣也;何敢与君友也? 以德,则子事我者也,奚可以与我友?(《孟子·万章下》)

七、"以……"的位置

9·22　带"以"的副词语一般在动词前,只有第一种用法能在动词后:

何不试之以足?(《韩非子·外储说》)

昔者大王居邠,狄人侵之。事之以皮币,不得免焉;事之以犬马,不得免焉;事之以珠玉,不得免焉。(《孟子·梁惠王下》)

动词为不及物者,虽单音词,"以……"仍在前:

请以剑舞。(《史记·项羽本纪》)

如果动词之后的宾语"之"字省去,"以……"的副词性一般在后:

入其疆,土地辟,田野治,养老尊贤,俊杰在位,则有庆。庆以地。(《孟子·告子下》) ——"庆以地","以土地庆贺之"也。

捻以尖草,不出;以筒水灌之,始出。(《聊斋志异·促织》)

这句也可以改为"以尖草捻之,不出;灌以筒水,始出。"。又如:

私见张良,具告以事。(《史记·项羽本纪》)

乃取蒙冲斗舰十艘,载燥荻、枯柴,灌油其中,裹以

帷幕。(《资治通鉴》:赤壁之战)

八、"以"下宾语的省略

9·23　当"用"字讲和当"与"字的"以",其下的宾语常常省去,有些是容易明白的:

> 童曰:"我,区氏儿也,不当为僮。贼二人得我,我幸皆杀之矣。愿以闻于官。"(柳宗元:《童区寄传》)

"愿以闻于官",即"愿以此闻于官","此"即指上文所叙述的事实。

> 明日,子路行以告。(《论语·微子》)

"行以告"即"行而以之告孔子","之"即指上文所叙遇见荷蓧丈人的经过。

> 子力行之,亦以新子之国。(《孟子·滕文公上》)

"亦以新子之国"等于"也用它革新你的国家","它"即指孟子前文所说的那些"王政"。

但有些是不容易明白,而容易忽略的:

> 对曰:"忠之属也。可以一战。"(《左传·庄公十年》)

这个"可以"和复音助动词的"可以"不同。古人一般只用"可"字,也有时用"可以",如《论语·泰伯》:"可以托六尺之孤,可以寄百里之命""士不可以不弘毅。""可以"和"可"意义相同。至于"可以一战"却不是"可一战",而是"可用之一战",意思是"可凭你这忠心作一次战",因此,"以"是介词,其下承上省略了宾语。再看:

> 民可以乐成,不可与虑始。(褚少孙:《史记·滑稽

列传补》)

这句"以""与"意义相同,其下都承上省略了宾语,意思是"老百姓可以跟他们乐享工作的成就,不可以跟他们计议工作的开始"。如果说为"民,可与之乐成,不可与之虑始",就容易明白了。因此就可以知道,"以"字下的宾语如上文刚刚出现,便不再重复,也不用指代词,这是常例。

　　老母在,政身未敢以许人也。(《史记·刺客列传》)
"政身未敢以许人",固可以解释为"政未敢以身许人";若就说话者的语意看来,实际上是"政之身未敢以之许人"。

九、"为"的用法

　　9·24　(一)"为"(读去声)可以当帮助解,作动词。《论语·述而》:"冉有曰:夫子为卫君乎?"翻译为口语是"老师帮助卫君吗"。但作介词用的时候多,译口语为"替","为人民服务"的"为"正是这一用法。《木兰辞》"愿为市鞍马,从此替爷征",上一句用"为",下一句用"替"。

　　人取可食者而食之,非天本为人生之。(《列子·说符》)

　　客有为齐王画者。(《韩非子·外储说》)
　　臣为韩王送沛公。(《史记·项羽本纪》)
　　瑜请得精兵数万人进住夏口,保为将军破之。(《资治通鉴》:赤壁之战)
这个"为"字可以用指代性副词"相"字代替宾语:

　　天地万物与我并生,类也;类无贵贱,徒以大小智力而相制,迭相食,非相为而生之。(《列子·说符》)

9·25 （二）和"与"的意义及用法相同,译口语可以为"和""同""跟"：

> 不足为外人道也。(陶潜：《桃花源记》)
>
> 寡人独为仲父言,而国人知之,何也?（《韩诗外传》)
>
> 请为将军筹之。(《资治通鉴》:赤壁之战)

"请为将军筹之"的"为",与其译为"替",不如译为"同"。这"为"和"保为将军破之"的"为"不同。周瑜正和孙权当面计议对付曹操的方针,所以说,"请同你筹谋筹谋"("筹之"的"之"无甚意义)。

9·26 （三）又有"因为"的意思：

> 然则子何为使乎?（《晏子春秋·内篇杂下》)——"何为"等于"为何""因为什么"。
>
> 老父顾谓良曰："孺子下取履!"良愕然,欲殴之;为其老,强忍,下取履。(《史记·留侯世家》)
>
> 十余万人皆入睢水,睢水为之不流。(《史记·项羽本纪》)
>
> 昂首观之,项为之强。(沈复:《浮生六记》)——"强","强直""强木"的意思。头抬得过久,颈项因之强直。

"因为"的"为"有两种意义,一是着重在道理,表事理之相应,"为其老,强忍下取履"的"为"便是表事理的。一是着重在事实,因前一事实的出现而后有后一事实的继续,表事实之相因。"为之"一般用于事实相因,同时又可以表明行为的动机。

表动机即等于表目的,现在还有这种用法。

> 天下熙熙,皆为利来;天下攘攘,皆为利往。(《史

记·货殖列传》)

乡（昔）为身死而不受，今为宫室之美为之；乡为身死而不受，今为妻妾之奉为之；乡为身死而不受，今为所识穷乏者得我而为之。(《孟子·告子上》)

"为身死"的"为"，表原因；"为宫室之美""为妻妾之奉"的诸"为"字，则表动机，即表目的。至于"为之"的"为"，则读平声，是动词了。

9·27 （四）表被动，等于口语的"被"。

邑有成名者……为人迂讷，遂为猾胥报充里正役。(《聊斋志异·促织》)

巨是凡人，偏在远郡，行将为人所并。(《资治通鉴》：赤壁之战）

9·28 （五）"为"字偶尔也和"于"字相通：

为其来也，臣请缚一人过王而行。(《晏子春秋·内篇杂下》)

此其为亲戚（父母）兄弟若此，而又况于仇雠之敌国耶？(《战国策·魏策》) ——这个，他对于父母兄弟都如此，何况对敌国呢？

十、"为"下宾语的省略

9·29 "为"字下的宾语有时也被省略：

阿爷无大儿，木兰无长兄。愿为□市鞍马，从此替爷征。(《木兰辞》) ——愿为之买鞍马。

项羽大怒曰："旦日飨士卒，为□击破沛公军。"(《史记·项羽本纪》) ——为我击破沛公军。

若(你)入前为寿。寿毕,请以剑舞,因击沛公于坐,杀之。不者,若属皆且(将)为□所虏。(《史记·项羽本纪》)——为之(沛公)所虏。

即解貂覆生,为□掩户。(方苞:《左忠毅公逸事》)——为之(生)掩户。

余思粥,担者即为□买米煮之。(沈复:《浮生六记》)——为我买米煮之。

十一、"与"的用法

9·30 （一）"与"和口语的"和""同""跟"一样,可以用作连词,也可以用作介词。如:

独卿与子敬与孤同耳。(《资治通鉴》:赤壁之战)

这一句,"卿与子敬"的"与"是连词,"与孤同"的"与"则是介词。"卿""子敬"地位平等,用"与"连接;但和"孤"不相等,所以"与孤"的"与"是介词。"与孤同"也可以说成"同于孤",虽然"与孤"在"同"前,"于孤"在"同"后,而其为副词语则无异。连词的"与",其上不可加助动词与副词;介词的"与",可附加助动词或副词。但那助动词所助者仍为那主要动词;而副词所修饰的,不仅是那介词,而且是那介词以及其整个谓语。

邂逅不如意,便还就孤,孤当与孟德决之。(《资治通鉴》:赤壁之战)——"当",助动词。

孤与老贼势不两立。君言当击,甚与孤合。(同前)——第一"与"字,连词。"甚",副词。

兼与药相黏。(沈括:《梦溪笔谈》)

以下再举些介词"与"的例句：

> 惟博陵崔州平、颍川徐庶元直与亮友善，谓为信然。(《三国志·诸葛亮传》)

> 诸将吏敢复有言当迎操者，与此案同。(《资治通鉴》：赤壁之战)

> 念与世间辞，千万不复全。(《古诗为焦仲卿妻作》)

9·31 （二）"为"字可以作"与"，"与"也可以用作"为"，下面的"与"字都是"为"的意思：

> 得其民有道：得其心，斯得民矣。得其心有道：所欲与之聚之，所恶勿施尔也。(《孟子·离娄上》) —— 人民所要的替他收集，所恶的不给他，如此而已。

> 汉王与义帝发丧。(《汉纪·高祖纪》) —— 汉王为义帝发丧。

> 匡衡勤学，邑人文不识家多书，衡乃与其佣作而不求价。(《西京杂记》) —— "与其佣作"，替他作工。

十二、"与"下宾语的省略

9·32 作"同"字解的"与"字下的宾语，常承上省略：

> 旦日，客从外来，与□坐谈。(《战国策》：·《齐策》)

> 项伯乃夜驰之沛公军，私见张良，具告以事，欲呼张良与□俱去。(《史记·项羽本纪》)

> 唉！竖子不足与□谋！(《史记·项羽本纪》)

> 若备与彼协心，上下齐同，则宜抚安，与□结盟好。(《资治通鉴》：赤壁之战)

十三、"自""由""从"

9·33　"自""由""从"三字的用法相同,其下可以用表事的词,也可以用表人、表时间、表地方的词：

> 今齐地方千里,百二十城。宫妇左右莫不私王,朝廷之臣莫不畏王,四境之内莫不有求于王：由此睹之,王之蔽甚矣。(《战国策·齐策》)——"此"指代上文所言,指事。

> 由君子观之,则人之所以求富贵利达者,其妻妾不羞也,而不相泣者几希矣。(《孟子·离娄下》)——表人。

> 自此,冀之南,汉之阴,无陇断焉。(《列子·汤问》)——"此",表时间。

> 邺吏民大惊恐。从是以后,不敢复言为河伯娶妇。(褚少孙:《史记·滑稽列传补》)——"是",表时间。

> 旦日,客从外来。(《战国策·齐策》)

> 召有司案图,指从此以往十五都予赵。(《史记·廉颇蔺相如列传》)——"此",指地。

这类介词,其宾语大抵不能省略。

这类副词语一般前置,如果动词为不及物的,而且为单词,"自……"偶有后置的：

> 我入自外,室人交遍谪我。(《诗经·邶风·北门》)

> 余还自广西。余入自外,取食之。(归有光:《寒花葬志》)

从字还有随从的意思,也可以作介词用：

> 梁项生从田何受易。(《汉书·儒林传》)

其先夏侯都尉从济南张生受尚书。(同前)

朱火然(燃)其中,青烟扬其间。从风入君怀,四坐莫不欢。(古诗)

十四、介词和动词的界限

9·34 介词有时容易和动词混淆——因此,有许多位讲现代语法的人竟名之曰副动词——其主要区别,便是它本身没有什么动作性,或者极少动作性。上面所举,一般都是没有动作性的。有些介词,似乎有些微动作性,因为只有些微,不能独立成为谓语,仍应定它为介词:

当窗理云鬓,对镜帖花黄。两兔傍地走,安能辨我是雄雌?(《木兰辞》)

北方有侮臣者,愿藉子杀之。(《墨子·公输》)

即将女出帷中。(褚少孙:《史记·滑稽列传补》)——"将","率领""带着"的意思。

"两兔傍地走",若省去"走"字,便不成句。"当户"只起附加的修饰作用,不是谓语的主要部分,所以"当"是介词。其他的句例也都是这样的。再比较下面两句:

私见张良,具告以事,欲呼张良与俱去,曰:"毋从俱死也。"(《史记·项羽本纪》)

从而谢焉,终不食而死。(《礼记·檀弓》)

"毋从俱死","从"下省略了宾语,意思是"不要跟着他(沛公)一块送掉性命"。这个"从"字动作性少,是介词。"从而谢焉"则不然。当饿者说着"予唯不食嗟来之食以至于斯也"的时候,仍旧向前走的,因之黔敖才跟随着他,向他道歉

（从而谢焉），这"从"字动作性强，和"施从良人之所之"
（《孟子·离娄下》）的"从"一样，故是动词。

第十章　连　词

一、连词的类别

10·1　连词的作用在于连络词与词、语与语以及句与句以表示它们互相之间的关系，而以分句与分句间的连络为最平常，因之，在复合句中谈论连词比就词法而谈来得切合实际。这里，只就复合句中所没有谈到或者没有完全谈到的加以论述。

就连词的各种不同功能着眼，可以分为下列几项：

（一）并列连词　一般是连络词与词或者语与语的，常用的有"与"字，表示进层的有"且"字。另外一个"而"字，用法最为活泼。

（二）抉择连词　在几项词语之中表示抉择其一的，是抉择的连词。叙述的抉择，口语一般用"或"字，古文有在词与词间或者语与语间用"若"字"如"字的。疑问的抉择，口语的"还是"，文言用"抑""意""且""将"等词；还有一种表示比较意思的，用"与其……孰若""与其……宁可""宁……无"等格式。疑问的抉择，都是连络分句与分句的，因之详于复合句中。

（三）顺承连词　这是表示前后两事之相关的连词。有表示事实发展的自然关系的，一般用"则""即""斯""乃""遂""然后""而后"诸词。有表示因果关系的，表原因的用"因""以""由""盖"诸词，表结果的用"故""所以""是以""是故"诸词。表因果关系的，详于复合句的因果句中。

（四）转折连词　表示前后意思相反或者不同的连词。表示相反的叫反转，有"而""顾""但""然""然而"诸词；表示由这一事忽而谈到另一事的，这是表示前后意思不同的，叫做他转，有"至""若"诸词；表示这一事尚如此，那一事更不行，用"况""而况""矧"诸词的，叫做急转；那种句子叫做进逼句。这类连词绝大多数用于复合句中。

（五）让步连词　先让步一句，然后说出正意，用"虽""纵""即使"表示让步的，叫让步连词。这种句型叫让步句。这里暂且不谈。

（六）假设连词　"如""若"等词表示假定的，叫假设连词。用这种连词的句子，一定是复合句，这里也暂且不谈。

二、并列连词

10·2　并列连词一般用"与"字表示平等的并列，用"且"字表示进层的并列。"而"字有时表示进层，有时表示相反，有时还表示两个不同性质的词与语的连络（如连络主语与谓语），用法最为活泼，这里一并谈一下。

"与"字一般表示实体词的并列关系，有在几个并列成分之间每一衔接处用一个的：

子罕言利与命与仁。（《论语·子罕》）——孔子很少讲"利"和"命"和"仁"。这是连络词与词的。

> 凡有爵者与七十者与未龀者，皆不为奴。(《汉书·刑法志》) ——一切有爵位的人和七十岁的人和八岁以下的人都不罚做奴隶，这是连络名词语与名词语的。

而一般的是或者在最后两个词语间的衔接处一个用"与"字：

> 老贼欲废汉自立久矣，徒忌二袁、吕布、刘表与孤耳。(《资治通鉴》：赤壁之战)

或者在两组性质不同的词语当中用一个"与"字：

> 赵王与大将军廉颇诸大臣谋。(《史记·廉颇蔺相如列传》) ——"赵王"是王，廉颇与诸大臣是"臣"，故"与"字用在这中间。这句若在廉颇和诸大臣之间再用一"与"字或者"及"字，文意则更明显。因为"廉颇"是人名，"诸大臣"是普通名词，两者性质又有区别。

> 已选三万人，船、粮、战具俱办，卿与子敬、程公便在前发。(《资治通鉴》：赤壁之战) ——"卿"指周瑜，是代词，"子敬""程公"是名词，故"与"用在这中间。

这种用法，现代口语都沿袭下来，故不必多举例证。

10·3　我们应该注意的倒是有"与"字的意思而不用的地方，不要使它和别的形似的结构相混同：

> 巫妪弟子，是女子也，不能白事。(褚少孙：《史记·滑稽列传补》) ——"巫妪弟子"是"巫妪与弟子"，不是"巫妪之弟子"；因为被投入水的，有巫妪，也有她的弟子三人。

> 今父老子弟虽患苦我，然百岁后期令父老子孙思我言。(同前) ——患苦我的是"父老与子弟"，而百岁后思

我言的只能是"父老之子孙"。

长老吏傍观者皆惊恐。(同前)——长老与吏与傍观者都惊恐,傍观者指人民,下文说"邺吏民大惊恐"可以为说。"傍观者"不是后置形容语,因此不要解释为"傍观的长老和吏"。

10·4 除"与"字以外,较普通的是"及"字,

秦王大喜,传以示美人及左右。(《史记·廉颇蔺相如列传》)

每吴中有大徭役及丧,项梁为主辨,阴以兵法部勒宾客及子弟。(《史记·项羽本纪》)

吕后,妇人,专欲以事诛异姓王者及大功臣。(《史记·卢绾列传》)

"及"字一般只用一个,像下面一例,于每一衔接处用一个,这种现象是不多见的:

李延年,中山人也,父母及身兄弟及女皆故倡也。(《史记·佞幸列传》)

10·5 进层的并列常用"且"字,一般用在述说词之间:

余悲之,且曰……(柳宗元:《捕蛇者说》)

凡四方之士无有不过而拜且泣者。(张溥:《五人墓碑记》)

廉颇蔺相如计曰:"王不行,示赵弱且怯也。"(《史记·廉颇蔺相如列传》)

君子有酒,旨且多。(《诗经·小雅·鱼丽》)

如有周公之才之美,使骄且吝,其余不足观也已。(《论语·泰伯》)

还有用副词"既"字和连词"且"字并用，成"既……且……"格式，表示进层关系的：

> 既明且哲。(《诗经·大雅·丞民》)
>
> 既和且平。(《诗经·商颂·那》)

10·6　两个动词之上如果各用一"且"字，便有两种动作同时进行的意思。"且引且战"，译为口语是"一面引退，一面战斗"……

> 士死者过半，而所杀伤匈奴亦万余人，且引且战。(《史记·李广列传》)
>
> 黄帝且战且学仙。(《汉书·郊祀志》)
>
> 险道倾仄，且驰且射。(《汉书·晁错传》)

若是两个动宾结构，便偶有只用一个"且"字的：

> 遵冯(凭)几口占书吏，且省官事。(《汉书·陈遵传》)——陈遵靠着几，一面向书吏口授信稿，一面批阅公文。

10·7　"且"字还可以表示句与句间的进层关系：

> 人取可食者而食之，非天本为人生之。且蚊蚋嘬肤，虎狼食肉，非天本为蚊蚋生人、虎狼生肉者哉！(《列子·汤问》)
>
> 侯，自我得之，自我捐之，无所恨。且终不令灌仲孺独死，婴独生。(《史记·魏其武安侯列传》)

10·8　在连词中，"而"字的用法最活泼而难以捉摸。它可以表示几个动宾结构的并列，如"坐高堂，骑大马，醉醇醴而饫肥鲜"(刘基：《卖柑者言》)。有时又还有表示进层的并列。一般用于两个描写词语之间：

美而艳。(《左传·桓公元年》)

美而有勇力。(《左传·襄公二十一年》)

但是，以同样的格式，又可以表示转折的意思：

美而无子。(《左传·隐公三年》)

这一例的"而"只能译为"却"，"美，却没有儿子"。可见"而"字在这些地方，只表示一种连络，它是并列，它是顺承，它是转折，随上下文意而定。它又可以用于两个谓语之间，连络先后两个动作，而前一动作都是后一动作的手段，后一动作则是前一动作的目的：

楚人为小门于大门之侧而延晏子。(《晏子春秋·内篇杂下》)

临淄三百间，张袂成阴，挥汗成雨，比肩继踵而在，何为(谓)无人？(同前)

臣请缚一人过王而行。(同前)

北山愚公者，年且九十，面山而居。惩山北之塞，出入之迂也，聚室而谋……(《列子·汤问》)

10·9　由上面这种用法再加扩张，"而"字便可以放在副词或者副词语和动词之间，表示连络。这种"而"字，一部分可以译为"就"，大多数不能译出。如：

毛遂按剑历阶而上，谓平原君曰："从之利害，两言而决耳。今日出而言从，日中不决，何也？"(《史记·平原君列传》)

"按剑历阶而上"，"按剑历阶"是两个同型并列的动宾结构，实际上作为"上"的附加成分；"日出而言从"，"日出"是主谓结构，实际上也作为"言从"的附加成分；"而"字去联络它们,用法还是上一种的。至于"两言而决耳","两言"只是一名词语,作副词用,附加于"决","而"字也起连络作用。这"而"字可译为"就",整句的意思是"两句话就决定了"。又如说"一日而行千里",译为口语是"一天就走了一千里",用法则和上一种无原则上的分别。下面再举两例:

　　未几而成归。(《聊斋志异·促织》)

　　欲常常而见之,故源源而来。(《孟子·万章上》)

这种"而"字口语是没有的,也不能译出。但文言中常用,如"侃侃而谈""呱呱而啼""率尔而对""莞尔而笑""悄然而悲""朝而往,暮而归""自古而然""自远而至""为名而来""为义而死"等等。

　　10·10　"而"字另一种用法是放在主语和谓语之间,也只是表示一种衔接作用:

　　斯人也而有斯疾也! 斯人也而有斯疾也!(《论语·雍也》)

　　子而思报父母之仇,臣而思报君之雠,其有敢不尽力者乎?(《国语·越语上》)

　　大阉之乱,缙绅而能不易其志者,四海之大,有几人欤?(张溥:《五人墓碑记》)

"而"字的这种用法,也是口语里所没有的。

三、抉择连词

　　10·11　抉择连词分为三项:第一项是叙述句的抉择连词,用"若"用"如"用"或",等于口语的"或者";第二项是疑问句的抉择连词,用"抑""将""且""其"诸字,等于口语的"还是",例句详见于复合句的抉择句(15·25);第三项是有比较意思的抉择连词,用"与其……孰若……",也详见于抉择句(15·24)。第二、三两项这里都不论述,以免重复。

10·12 口语的"或"经常用于两个词之间,而古文却一般用于两个谓语之间;有每一谓语用一个"或"字的,如下文第一第二两例句;有只在两语之间用一个"或"字的,如下文第三个例句:

> 其神或岁不至,或岁数来。(《史记·封禅书》)——那个神或者整年不来,或者一年来几次。

> 句读之不知,惑之不解,或师焉,或不(否)焉;小学而大遗,吾未见其明也。(韩愈:《师说》)——意思是:句读不知,则从师;疑问不解,则不从师;小的去学,大的不管。

> 及昭宗时,尽杀朝之名士,或投之黄河,曰:"此辈清流,可投浊流。"而唐遂亡矣。(欧阳修:《朋党论》)

10·13 上古在两个词或者名词语之间不用"或",而用"若"和"如"。到后来,"若"和"如"都不作如此用途,而由"或"字代替了:

> 大夫没矣,则称谥若字。(《礼记·玉藻》)——大夫死了,就用他的谥或者字来称呼他。

> 以万人若一郡降者,封万户。(《汉书·高帝纪》)

> 时有军役若水旱,民不困乏。(《汉书·食货志》)

> 安见方六七十如五六十而非邦也者?(《论语·先进》)——何以见得方六七十里或者五六十里而不是一个国家呢?

四、顺承连词

10·14　顺承连词又可以分为两项：第一项是表示前后两事之相关，先有前一事，然后有后一事，譬如"则"字，相当于口语"就"字；第二项，表示两事的因果关系，表原因的用"因""以""由""盖"诸词，表结果的用"所以""故""是故"等词。第二项的，在复合句的因果句中已有许多例句，这里暂不论述。第一项的虽也散见于复合句中，但嫌系统性不足，所以在这里略微谈谈，可以和复合句参照。

10·15　表两事之相关的，有"则""即""斯"等词，相当于口语的"就"或者"这就"：

　　　　欲印，则以一铁范置铁板上。（沈括：《梦溪笔谈》）

　　　　药稍镕，则以一平板按其面，则字平如砥。（同前）

　　　　奕之为数，小数也；不专心致志，则不得也。（《孟子·告子上》）

　　　　欲勿予，即患秦兵之来。（《史记·廉颇蔺相如列传》）

　　　　与之地，即无地以给之。（《战国策·韩策》）

以上的"则"字和"即"字，都可以用"就"字来解释它。所不同的，"则"字有时可以置于主语上，"就"字只能置于主语下。"则字平如砥"，译为口语是"字就平坦得像磨刀石一样的了"。

10·16　"斯""此"可以译为"这就"，"它们"本来都有"这"的意思。

　　　　我欲仁，斯仁至矣。（《论语·述而》）——我要仁，仁这就来了。

　　　　其言也讱，斯谓之仁已乎？（《论语·颜渊》）——

他的话结结巴巴的,这就叫做仁了吗?

如知其非义,斯速已矣,何待来年?(《孟子·滕文公下》)——若晓得这事不合理,这就赶快停止,何必等待明年?

有德此有人,有人此有土,有土此有财,有财此有用。(《礼记·大学》)

10·17 另外还有"乃""遂""于是""然后""而"诸词:

欲印,则以一铁范置铁板上,乃密布字印。(沈括:《梦溪笔谈》)——"乃"相当于"于是"。

侯生视公子色终不变,乃谢客就车。(《史记·信陵君列传》)——"乃"应译为"才",或者"这才"。

年月日,季父愈闻汝丧之七日,乃能衔哀致诚,使建中远具时羞之奠告汝十二郎之灵。(韩愈:《祭十二郎文》)——"乃","才"的意思。

昔太祖皇帝尝以周师破李景兵十五万于清流山下,生擒其将皇甫晖、姚凤于滁东门之外,遂以平滁。(欧阳修:《丰乐亭记》)

寒,然后为之衣;饥,然后为之食;木处而颠,土处而病也,然后为之宫室。(韩愈:《原道》)

世有伯乐,然后有千里马。(韩愈:《杂说四》)

凡主将之道,知理而后可以举兵,知势而后可以加兵,知节而后可以用兵。(苏洵:《心术》)

孔子时其亡也,而往拜之。(《论语·阳货》)——孔子窥伺他不在家,而后去回拜他。

五、转折连词

10·18 转折连词可分为三项；第一是反转，其中又有表示转折之意不重的，叫轻转，一般用"而""顾""抑""徒"诸词；有表示转折之意较重的，一般用"然""然而"诸词；"但"字又在轻重之间。这类连词，多半用于句与句之间的连络，所以可详于复合句的转折句。第二是他转，本说此事，忽然转而谈到别的事，一般用"至于""若夫"诸词，复合句的对比句中有许多例句，这里仍不防谈一些。第三项是急转，用"况""矧"诸词，则详于进逼句中（第十五章第十二节）。

10·19 表示轻转的连词，可以连络两个形容词以及谓语，常用的是"而"字：

关雎，乐而不淫，哀而不伤。（《论语·八佾》）

宁武子邦无道则愚，智而愚者也。（柳宗元：《愚溪诗序》）

或有忠能被害，或有孝而见残。（崔骃：《大理箴》）——"能"字古音和"而"字相近，所以有时也作"而"字用。

有时也用"以"字，意义和"而"字一样，不过后来不这样用了：

治世之音安以乐……乱世之音怨以怒……亡国之音哀以思。（《礼记·乐记》）

狐偃惠以有谋，赵衰文以忠贞，贾佗多识以恭敬。（《国语·晋语》）

关于句与句的转折连词，详转折句中。

10·20 表示他转的转折连词，除用在对比句中的外，还可以表示上一整句和下一整句的转折关系。

辟邪说,难壬人,不为拒谏。至于怨谤之多,则固前知其如此也。(王安石:《答司马谏议书》)

夫才德不称,固自知之矣。至于不孚之疾则不才为尤甚。(宗臣:《报刘一丈书》)

此其大略也。若夫润泽之,则在君与子矣。(《孟子·滕文公上》)

有明一代人才,皆偏于刚者也;逮其末流,厥病为客气,为沽名,为党同伐异。若夫居风气之中,不为末流所驱,粹然独葆其天真者,中叶以后,吾未睹其人焉。(薛福成:《海瑞论》)

六、让步连词和假设连词的位置

10·21　让步连词"虽"字一般放在主语与谓语之间:

相如虽驽,独畏廉将军哉?(《史记·廉颇蔺相如列传》)

北虽貌敬,实则愤怒。(文天祥:《指南录后序》)

操虽托名汉相,其实汉贼也。(《资治通鉴》:赤壁之战)

"纵"字放在句首的多:

纵江东父兄怜而王我,我何面目见之? 纵彼不言,籍独无愧于心乎?(《史记·项羽本纪》)

也有放在句中的:

吾纵生无益于人,吾可以死害于人乎哉?(《礼记·檀弓》)

今纵弗忍杀之,又听其邪说,不可。(《史记·张仪列传》)

10·22　假设连词则一般放在句首：

向吾不为斯役，则久已病矣。(柳宗元：《捕蛇者说》)

苟如君言，刘豫州何不遂事之乎？(《资治通鉴》：赤壁之战)

使遂蚤得处囊中，乃颖脱而出，非特其末见而已。(《史记·平原君列传》)

七、由意合法所表现于连词的特点

10·23　中国文句之间，多用意合法。因为用意合法，在连词方面便显现出三个特点。第一个特点，有时不用连词，而词句之中却含有用那种连词的意思，这在让步句假设句中尤其表现得明白。详下篇15·50。第二个特点是同样一个字，同一种句型，因上下文意不同，似乎那个字也起了不同的作用，这在"而"字尤其表现得明白。10·8已谈了一点。第三个特点是，能够表示词句间连络关系的，不仅连词，副词有时也兼有这种作用。譬如

吾宁斗智，不能斗力。(《史记·项羽本纪》)

宁见乳虎，无值宁城之怒。(《史记·酷吏列传》)

这"宁""不""无"诸字都不是连词，而起了关连作用。假设句中也有这种现象，详15·65、66诸段。

既来之，则安之。(《论语·季氏》)

既有听之之明，又有振之之力。(韩愈：《上兵部李侍郎书》)

"既""又"都是副词，而都起了关连作用。

八、连词语

10·24　连词中有许多复词，如"然后""是以"等等。有时短语也可以起连词作用：

> 此沛公左司马曹无伤言之。不然，籍何以至此？

（《史记·项羽本纪》）

"不然"等于"不如此"，意思是"假若不是这样"。从结构上看，不能视为分句，只能视同短语；而这短语，表明了上下两句的关系，所以说，它起了连词作用。又如：

> 要之，死日然后是非乃定。（《汉书·司马迁传》）

"要之"等于口语的"总而言之"，也是短语，表明下文是总结上文的，也可以说以短语起连词作用。

第十一章　语气词

一、语气和语气词

11·1　语气词是表示语气的，可是语气不限于用语气词来表示，更不一定要用语气词来表示。大多数的直陈语气是不用语气词的，沈括《梦溪笔谈》关于"活板"一文只有一个语气词（"不以木为之者"的"者"字）。在活的语言中，语气的表达，主要倚靠语调的高低、升降、轻重、快慢，其次才用语气词；同时，其他的词也能兼起表示语气的作用（如"必"表肯定，"已"表既成）。这是很自然的现象。文言虽已变成死的语言，却是从活的语言来的，自也不能逃脱这一规律。因之，有两点应该注意：同一种语气，可以用不同的语气词来表示，其间的差别极为细微；而同一个语气词又可以表示不同的语气，它究竟表示什么语气，必须结合句子的结构、它和句中其他词汇的关系以及上下文意来看。现代语法是这种情形，文言语法也是这种情形，因为同是语言的记录。

语气词是毫无实际意义的虚词，第一，因为古今语音的变动，文言中的语气词像"者""也""矣""焉""哉"诸字，今天的文章中，已经一个也不用了。第二，它字数虽少，用时却多。读古书,似乎是难以打通的一关。其实,只要我们能掌握其基本规律,仍是易于为力的。

11·2 语气词有下列各种作用:

(一)表提示和停顿 这类语气词一般用"者""也"两字,而这两字的用法很有区别。偶尔也有用"矣""焉""欤""乎""邪"诸字的。"兮"字只在辞赋中用。

(二)表终结和肯定 这类语气词一般用"也"字,"耳""尔"两字有时也作"也"字用,但语气的轻重不是完全一致的。"焉"字用作终结词,和"也"字有显明的区别。"而"字很少用,并且就因为很少用,还不能找出它的规律来。

(三)表已然 这类语气词"矣"字用得最多,有时也用"已"字。

(四)表限止 这类语气词只用"耳""尔""而已"三词,其实这三个词只是形体不同,从声音方面来讲,是由一个根源出发的。

(五)表疑问 用得最多的有"乎""哉""邪""欤"四字,然而它们之间是有区别的。其次是"为"字,只能用于有疑问词"何"字的句末。至于"矣""焉"也作疑问句的语气词,正如口语的"了"字也放在疑问句之末一样,实际的疑问另有所在,它不是疑问的重点。

(六)表感叹 感叹句常不用语气词,如果用,一般用"哉"字和"夫"字。这两个字本身有表示感叹的意思。至于其他的语气词也用于感叹句,正如他们也用于特指问句一样,仍是依照它们原来的特性而用它,感叹的重点却另有所在。

二、表提示和停顿

11·3　表提示和停顿的语气词有"者""也""兮"诸字,不但每字的用法不同,而且即一"者"字,又有几种用法。

者字的第一种用法是用在判断句解释句的主语后,这种句子又一般是不用"是"义诸动词的。

　　童寄者,郴州荛牧儿也。(柳宗元:《童区寄传》)

　　贤士大夫者,闵卿因之吴公、太史文起文公、孟长姚公也。(张溥:《五人墓碑记》)

　　东谷者,古谓之天门溪水,余所不至也。(姚鼐:《登泰山记》)

　　仁者,人也;义者,宜也。(《礼记·中庸》)

这种句子,如果主语下用了别的语气词,尤其不能不用"者"字,则那个语气词和"者"字结合起来作提示之用:

　　是故易也者,志吾心之阴阳消息者也;书也者,志吾心之纪纲政事者也;诗也者,志吾心之歌咏性情者也。(王守仁:《尊经阁记》)

　　上焉者,善焉而已矣;中焉者,可导而上下也。(韩愈:《原性》)

11·4　第二种用法是,叙述句描写句的主语如果是突然出现的话,有时也用"者"字提示;还有兼用"有"和"者"的:

　　北山愚公者,年且九十,面山而居。(《列子·汤问》)

　　吕公者,好相人。(《史记·高祖本纪》)

　　有蒋氏者,专其利三世矣。(柳宗元:《捕蛇者说》)

　　门下有毛遂者,前。(《史记·平原君列传》)

这种用法加以引申,主语即不是突然出现的,若要着重点出,也有时用"者"字提示:

> 不然,令五人者保其首领以老于户牖之下,则尽其天年,人皆得以隶使之,安能屈豪杰之流,扼腕墓道,发其志士之悲哉?(张溥:《五人墓碑记》)

11·5　第三种用法是因果句中,先用"者"字把结果或者现象提示,作为分句,再申述原因或者理由:

> 不以木为之者,文理有疏密,沾水则高下不平,兼与药相黏,不可取。(沈括:《梦溪笔谈》)

> 王之所以叱遂者,以楚国之众也。(《史记·平原君列传》)

> 臣所以去亲戚而事君者,徒慕君之高义也。(《史记·廉颇蔺相如列传》)

> 强秦之所以不敢加兵于赵者,徒以吾两人在也。(同前)

> 吾所以为此者,以先国家之急而后私雠也。(同前)

11·6　第四种用法是,在条件句中,假设分句也可用"者"字提示:

> 因击沛公于坐,杀之。不者,若属皆且为所虏。(《史记·项羽本纪》)

> 子谓子贱,君子哉若人。鲁无君子者,斯焉取斯?(《论语·公冶长》)——鲁国假若没有君子,这人(宓子贱)从那里得到这样的品德呢?

> 伍奢有二子,不杀者,为楚国患。(《史记·楚世家》)

> 上使御史收永,敕:过交道厩者,勿追。(《汉书·谷永传》)

> 如复见文者,必唾其面而大辱之。(《史记·孟尝君

列传》)

11·7 "也"字表示提示的作用较小,表示停顿的作用较大。它和"者"字的用法有显明的区别。它的第一个用法,形式上似和"者"的第二个用法相似,也是在叙述句或者描写句的主语后,但这主语不但不是突然出现的,而且是有定的:

　　子谓子贡曰:"女与回也孰愈?"对曰:"赐也,何敢望回? 回也,闻一以知十;赐也,闻一以知二。(《论语·公冶长》)

　　柴也愚,参也鲁,师也辟,由也喭。(《论语·先进》)

11·8 "也"的第二种用法是助副词,尤其是时间副词的停顿:

　　于我乎每食四簋,今也每食不饱。(《诗经·秦风·权舆》) ——对我吗,(从前)每餐四碗,现在,每餐吃不饱。

　　古也墓而不坟。(《礼记·檀弓》)

　　有颜回者好学,不迁怒,不贰过;不幸短命死矣。今也则亡(无)。(《论语·雍也》)

这类"也"字,有时可以换用"者"字,但在副词"必"字下,习惯只用"也"字:

　　听讼,吾犹人也;必也,使无讼乎。(《论语·颜渊》)

　　暴虎冯河,死而无悔者,吾不与也。必也临事而惧,好谋而成者也。(《论语·述而》) ——暴虎,徒手与虎斗;冯河,徒足涉河。

　　子路曰:"卫君待子而为政,子将奚先?"子曰:"必也正名乎!"(《论语·子路》)

11·9 "也"字第三种用法是助副词语和分句的停顿：

为其来也,臣请缚一人过王而行。(《晏子春秋·内篇杂下》)

然五人之当刑也,意气扬扬,呼中丞之名而詈之,谈笑而死。(张溥:《五人墓碑记》)

君子之仕也,行其义也。(《论语·微子》)

惩山北之塞,出入之迂也,聚室而谋。(《列子·汤问》)

操蛇之神闻之,惧其不已也,告之于帝。(《列子·汤问》)

故予与同社诸君子哀斯墓之徒有其石也,而为之记。(张溥:《五人墓碑记》)

且而与其从辟人之士也,岂若从避世之士哉? (《论语·微子》)

而良人未之知也,施施从外来,骄其妻妾。(《孟子·离娄下》)

曾子闻之,曰:"微与! 其嗟也,可去;其谢也,可食。"(《礼记·檀弓》)

11·10 如果主语是由几个分句组成,偶然也有借用"者""也"诸字助停顿的：

由君子观之,则人之所以求富贵利达者,其妻妾不羞也,而不相泣者,几希矣。(《孟子·离娄下》)

这句话的主语是"人之所以求富贵利达其妻妾不羞而不相泣者",谓语是"几希";主语中的"者""也"两字不过是助停顿的语气词而已。

11·11 "矣"字"焉"字助停顿,和"也"字第三种用法相同。下面所举例句,都可以改作"也"。

汉之广矣,不可泳思;江之永矣,不可方思。(《诗经·周南·汉广》)

恶不仁者,其为仁矣,不使不仁者加乎其身。(《论语·里仁》)

民之服焉,不亦宜乎?(《左传·昭公三十二年》)

于其出焉,使公子彭生送之;于其乘焉,搚干而杀之。(《公羊传·庄公元年》)

且以五帝之圣焉而死,三王之仁焉而死,五伯之贤焉而死,乌获、任鄙之力焉而死,成荆、孟贲、王庆忌、夏育之勇焉而死——死者,人之所必不免也。(《史记·范睢列传》)

11·12 "与"(欤)"邪""乎"等疑问词用于停顿,一般用于对比句,可以译为"么",为"吗";"也"字也可用于对比句:

以我为君子也,君子安可无敬也?以我为暴人也,暴人安可侮也?(《韩非子·说林下》)

我之大贤与,于人何所不容?我之不贤与,人将拒我,如之何其拒人也?(《论语·子张》)

言君臣邪,固当谏争;语朋友邪,应有切磋。(《后汉书·马援传》)

以盟为有益乎,前盟口血未干,足以结信矣;以盟为无益乎,君王舍甲兵之威,以武临之,而胡重于鬼神而自轻也?(《国语·吴语》)

11·13 "兮"字只用于词赋中：

彼君子兮，不素餐兮。(《诗经·魏风·伐檀》)

若有人兮在，揀剑守重关。(陈维崧：《水调歌头》)

三、表终结和肯定

11·14 表示语气的终结或肯定的，"也"字用得最多，"耳"字有和"也"字相同的地方，"焉"字的用法则有区别。

（一）判断句、解释句之末，一般多用"也"字。尤其是主语用"者"字表提示的，下文如用语气词，必用"也"字。"者"字第一种用法例句，可以参阅。即上文不用"者"字，亦多有用"也"字的：

小子识之：苛政猛于虎也。(《礼记·檀弓》)

今人有大功而击之，不义也。(《史记·项羽本纪》)

我，子瑜友也。(《资治通鉴·赤壁之战）

诸人徒见操书言水步八十万，而各恐慑，不复料其虚实，便开此议，甚无谓也。(《资治通鉴·赤壁之战）

11·15 （二）因果句偏句（上分句）用"者"字的，正句（下分句）多用"也"字结束，"者"字第三种用法已有例句。即偏句不用"者"字，无论由因及果或者由果溯因，也常用"也"字结束。由因及果的：

鬼神无形者，不罄于前，故易之也。(《韩非子·外储说》)

小惠未遍，民弗从也。小信未争，神弗福也。(《左传·庄公十年》)

予唯不食嗟来之食以至于斯也。(《礼记·檀弓》)

古之人与民偕乐，故能乐也。(《孟子·梁惠王上》)

饮少辄醉，而年又最高，故自号曰醉翁也。(欧阳修：《醉翁亭记》)

由果溯因或者申述行为的动机与理由的：

所以然者何？水土异也。(《晏子春秋·内篇杂下》)

众谓予一行为可以纾祸。国事至此，予不得爱身，意北亦尚可以口舌动也。(文天祥：《指南录后序》)

予分当引决，然而隐忍以行。昔人云："将以有为也。"(同前)

距关，毋内(纳)诸侯，秦地可尽王也。(《史记·项羽本纪》)

今肃，可迎操耳；如将军，不可也。何以言之？今肃迎操，操当以肃还付乡党，品其名位，犹不失下曹从事；乘犊车，从吏卒，交游士林，累官故不失州郡也(《资治通鉴》：赤壁之战)

11·16 (三)假设句中，正句是判断一种情况的，可用"也"字：

杀臣，宋莫能守，乃可攻也。(《墨子·公输》)

王不行，示赵弱且怯也。(《史记·廉颇蔺相如列传》)

如其克谐，天下可定也。(《资治通鉴》：赤壁之战)

11·17 (四)肯定一种情况，或者决定一种行为，"也"字有强化语气的作用：

吾将瞯良人之所之也。(《孟子·离娄下》)——决定行为

樊哙曰："今日之事何如？"良曰："甚急。今者项

庄拔剑舞,其意常在沛公也。"(《史记·项羽本纪》)——
肯定情况

"也"字的这种强化作用在包含否定成分的句中尤为明显：

天下有道,丘不与易也。(《论语·微子》)

鄙贱之人,不知将军宽之至此也。(《史记·廉颇蔺相如列传》)

大喜,笼归,举家庆贺,虽连城拱璧不啻也。(《聊斋志异·促织》)

劳苦而功高如此,未有封侯之赏,而听细说,欲诛有功之人,此亡秦之续耳。窃为大王不取也。(《史记·项羽本纪》)

11·18 （五）表示祈使、命令以及禁戒的句子,因为"也"字可以强化语气,故多有用它的：

愿伯具言臣之不敢倍德也!(《史记·项羽本纪》)——表祈使

寡人已知将军能用兵矣。寡人非此二姬,食不甘味,愿勿斩也!(《史记·孙子列传》)

窦太后曰："皇后兄王信可侯也!"(《史记·绛侯周勃世家》)——表命令

欲呼张良与俱去,曰："毋从俱死也!"(《史记·项羽本纪》)——表禁戒

愿早定大计,莫用众人之议也!(《资治通鉴》:赤壁之战)

11·19 "耳""尔"诸字有时作"也"字用,只是语气的轻重间略有不同：

业根！死期至矣！而翁归，自与汝覆算耳。(《聊斋志异·促织》) ——判断情况。

此亡秦之续耳。(《史记·项羽本纪》) ——判断句。

今肃，可迎操耳；如将军，不可也。(《资治通鉴》：赤壁之战) ——"耳""也"互用。

非死，则徙尔。(柳宗元：《捕蛇者说》) ——判断句，先否定，后肯定。

徐子曰："仲尼亟称于水曰：'水哉！水哉！'何取于水也？"孟子曰："源泉混混，不舍昼夜。盈科而后进，放乎四海。有本者如是。——是之取尔。"(《孟子·离娄下》) ——"是之取尔"等于说"取是也"，译成口语是"取它这点哩"。

且以季布之贤而汉求之急如此，此不北走胡，即南走越耳。(《史记·季布列传》) ——先否定，后肯定，用法同上例。

岂有生之始遽不同如此哉？……习为之耳；习之不同，志为之耳。(张尔岐：《辨志》) ——解释原因。

君若用臣之谋，则今日取郭而明日取虞尔。(《公羊传·僖公二年》) ——假设句，情况判断。

11·20 "焉"字在句末，有时当"之"字用，如"从而谢焉"(《礼记·檀弓》)，这是指代词。有时当"于是"两字用，如"昔者吾舅死于虎，吾夫又死焉，今吾子又死焉"(《礼记·檀弓》)，这是兼词，然而又兼有语气词的作用。像下面诸句，"焉"字兼有指代和语气的作用者，更为明显：

此百世之怨，而赵之所羞，而王弗知恶焉。(《史记·平原君列传》）——也可以说成"而王不知恶之焉"。因"弗"下的动词一般不带宾语,故这"焉"字语气的作用重。

谨食之,时而献焉。（柳宗元:《捕蛇者说》）——可以说为"时而献之焉"。

故为之说,以俟夫观人风者得焉。（同前）——可以说成"得之焉"。"人风"即"民风"。

夫五人之死,去今之墓而葬焉,其为时止十有一月耳。（张溥:《五人墓碑记》）——可以说成"去今之墓而葬之焉"。

既人迹所绝,莫得究焉。（郦道元:《水经注·黄牛滩》）——可以说成"莫得究之焉"。

这是"焉"字和"也"字不同的第一个地方。

11·21　其次,"焉"字若只有表示语气的作用,也和"也"字有区别。"焉"字不像"也"字,既不起申述和解释的作用,也不起肯定和强化的作用,只是叙述一种情况或者行为的目的:

王笑曰:"圣人非所与熙也,寡人反取病焉。"（《晏子春秋·内篇杂下》）

寒暑易节,始一反焉。（《列子·汤问》）

自此,冀之南,汉之阴,无陇断焉。（同前）

募有能捕之者,当其租入。永之人争奔走焉。（柳宗元:《捕蛇者说》）——这"焉"字也可以说兼有"于是"的意义。

哗然而骇者,虽鸡狗不得宁焉。（同前）

止子路宿，杀鸡为黍而食之，见其二子焉。(《论语·微子》)

使来者读之，悲予志焉。(文天祥:《指南录后序》)——表行为的动机与目的，可与"以俟夫观人风者得焉"句比较。

夫大国，难测也，惧有伏焉。(《左传·庄公十年》)

11·22 "而"作为语气词，即古文中亦不多见，而且也还不能找出什么规律来。即以

已而，已而，今之从政者殆而!(《论语·微子》)

这句论，如译为口语，对句中三个"而"字便有不同译法："算了吧，算了吧(叫孔子别再奔走四方的意思)，现在这些做官的危险啦!"

且泣曰："鬼犹求食，若敖氏之鬼，不其馁而?"

(《左传·宣公四年》)

这句话的意思是："若敖家的祖先不会饿肚皮吗?"(意思是若敖氏将宗族覆灭，其祖宗不可能再受子孙的祭祀)，"而"字又表疑问语气了。

四、表已然

11·23 表示已然的用"矣"字。所谓"已然"，不仅指事实的既成状态，而且包括境地上之既成状态。境地上之既成状态，意思是动作虽未开始，条件却成熟了，可以动作了。理论上事实上之必然结果，也用"矣"字，这是将来的已然。另外，它还表语气的坚定。它和"也"字有区别，正如《淮南子·说林训》所说的，"'也'之与'矣'，相去千里"，从以下诸

例句都可以看出。

11·24　（一）"矣"表示事实上情况上的既成状态的：

婴最不肖，故直使楚矣。(《晏子春秋·内篇杂下》)

今日病矣，予助苗长矣。(《孟子·公孙丑上》)

其子趋而往视之，苗则槁矣。(同前)

贼二人得我，我幸皆杀之矣。(柳宗元:《童区寄传》)

毛遂曰："从定乎？"楚王曰："定矣。"(《史记·平原君列传》)

使子路反见之，至，则行矣。(《论语·微子》)

故令人持璧归，间至赵矣。(《史记·廉颇蔺相如列传》)

哙曰："此迫矣，臣请入，与之同命。"(《史记·项羽本纪》)

诸葛亮谓刘备曰："事急矣，请奉命求救于孙将军。"(《资治通鉴》:赤壁之战)

今操芟夷大难，略已平矣。(同前)

权勃然曰："吾不能举全吴之地，十万之众，受制于人。吾计决矣。"(同前)

11·25　（二）表境地上的既成状态的：

公将鼓之。刿曰："未可。"齐人三鼓。刿曰："可矣。"(《左传·庄公十年》)

下视其辙，登轼而望之，曰："可矣。"(同前)

武王伐纣，不期而会孟津之上八百诸侯。皆曰："纣可伐矣。"(《史记·刘敬列传》)

11·26　（三）表示理论上事实上必然的结果的：

虽与之俱学，弗若之矣。(《孟子·告子上》)

向吾不为斯役，则久已病矣。(柳宗元:《捕蛇者说》)

诚如是，则霸业可成，汉室可兴矣。(《三国志·诸葛亮传》)

今君乃亡赵走燕，燕畏赵，其势必不敢留君，而束君归赵矣。君不如肉袒伏斧质请罪，则幸得脱矣。(《史记·廉颇蔺相如列传》)

大王必欲急臣，臣头今与璧俱碎于柱矣!(同前)

五步之内，相如请得以颈血溅大王矣!(同前)

母闻之，面色灰死，大惊曰:"业根，死期至矣!"(《聊斋志异·促织》)

夺项王天下者必沛公也。吾属今为之虏矣!(《史记·项羽本纪》)

今将军外托服从之名，而内怀犹豫之计，事急而不断，祸至无日矣。(《资治通鉴》:赤壁之战)

今将军诚能命猛将统兵数万，与豫州协规同力，破操军必矣。操军破，必北还。如此，则荆、吴之势强，鼎足之形成矣。(同前)

以上诸句，大半是条件复合句。"也"字结束条件句，只表示在某种条件下，有某种情况的可能，这属于判断性质。而"矣"字结束条件句，则表示在某种条件下，有某种情况的必然。若把"如其克谐，天下可定也"改为"天下可定矣"，语气就显然不同。"天下可定也"，只是说天下有定的可能;"天下可定矣"则肯定其必然了，语气明确而坚强，所以蔺相如的表示足以慑服秦王之威，而诸葛亮之言亦足以动孙权之意。

11·27 （四）对于一种情况加以明确坚强的肯定的用"矣"字（最后两例），因之，以区别词作为谓语的肯定语，常用"矣"字：

天之于民厚矣。（《列子·说符》）

天下之不助苗长者寡矣。（《孟子·公孙丑上》）

由此观之，王之蔽甚矣。（《战国策·齐策》）

士不外索，取于食客门下足矣。（《史记·平原君列传》）

今吾嗣为之十二年，几死者数矣。（柳宗元：《捕蛇者说》）

今虽死乎此，比吾乡邻之死则已后矣。（同前）

夫十有一月之中，凡富贵之子，慷慨得志之徒，其疾病而死，死而湮没不足道者，亦已众矣。（张溥：《五人墓碑记》）

由君子观之，则人之所以求富贵利达者，其妻妾不羞也，而不相泣者，几希矣。（《孟子·离娄下》）

老贼欲废汉自立久矣。（《资治通鉴》：赤壁之战）

事父母能竭其力；事君能致其身；与朋友交，言而有信：虽曰未学，吾必谓之学矣。（《论语·学而》）

吴楚反时，条侯为太尉，乘传车，将至洛阳，得剧孟。喜曰："吴楚举大事而不求孟，吾知其无能为已矣。"（《史记·游侠列传》）

11·28 （五）"矣"字既可以表示坚决语气，因之，命令语有时也用着它：

须臾，豹曰："廷掾起矣！状河伯留客之久。若皆

罢去,归矣!"(褚少孙:《史记·滑稽列传补》)

椒也知政,乃速行矣! 无及于难。(《左传·宣公四年》)——越椒如果当政,便赶快走吧!

往矣! 吾将曳尾于涂中。(《庄子·秋水》)

11·29　和"矣"相同字又有"已"字。"已"本是表完成的时间副词,用"已"作副词的句子,句末若用语气词,常用"矣"字,上文所举"略已平矣"(《资治通鉴》)"则久已病矣"(柳宗元:《捕蛇者说》)"则已后矣"(同前)"亦已众矣"(张溥:《五人墓碑记》)诸例都可见。《史记·剧孟传》又用"已矣"两字(《汉书·游侠传》云:"吴楚举大事而不求剧孟,吾知其无能为已。"只用一"已"字)。"已"字在更早的时候便用作语气词了:

予往已。(《书经·洛诰》)

夫神农以前,吾不知已。(《史记·货殖列传》)

虽舜禹复生,弗能改已。(《史记·范睢列传》)

五、表限止

11·30　"耳""尔"用作表限止的语气词正和现代的"罢了"相当:

白起,小竖子耳。(《史记·平原君列传》)

夫五人之死,去今之墓而葬焉,其为时止十有一月耳。(张溥:《五人墓碑记》)

从此道至吾军,不过二十里耳。(《史记·项羽本纪》)

田横,齐之壮士耳,犹守义不辱。(《资治通鉴》:赤壁之战)

又荆州之民附操者，偪兵势耳，非心服也。(同前)

老贼欲废汉自立久矣，徒忌二袁、吕布、刘表与孤耳。(同前)

所得表众亦极七八万耳。(同前)

独卿与子敬与孤同耳。(同前)

不崇朝而遍雨乎天下者，唯泰山尔。(《公羊传·僖公三十一年》)

庄王围宋，军有七日之粮尔。尽此不胜，将去而归尔。(《公羊传·宣公十五年》)——此两"尔"字不同：军有七日之粮而已；尽此不胜，将去而归也。

11·31　"而已"和"耳"是由同一音素的转变而形成的不同的词汇。发音缓慢，便是"而已"；发音急切，便是"耳"。

臣乃今日请处囊中耳。使遂蚤得处囊中，乃颖脱而出，非特其末见而已。(《史记·平原君列传》)

夫子之道，忠恕而已矣。(《论语·里仁》)

就与孙刘不平，不过令吾不作三公而已。(《三国志·辛毗传》)

我知种树而已，官理非吾业也。(柳宗元：《郭橐驼传》)

六、表疑问

11·32　表疑问的语气词用得最多的有"乎""哉""邪""与"(欤)诸字。这四个字用法有些区别："乎"是以表示真正的疑问为主。"哉"字一般用于赞叹及反诘；若用于疑问，常带其他疑问词。"邪"字则于疑问之中，还带些测度或者惊讶的成分，而多半用于是非问句或者抉择问句之后。"欤"字,若句中有别的疑问词,则是真正的问句;若句中无别的疑问词,则是半信半疑的问句。然而这只是一般的情况,在文言中,还有把这几个字用得似乎没有什么区别的句子。另外,"为"字也可以做疑问词,不过用得很少。"也""矣"也做疑问词用,"也"和"邪"字相同。"矣"字则不完全是疑问词,疑问的重点不在它,而在别的地方。

11·33　疑问句我们分为是非问、特指问、抉择问三类。是非问句的特征是只一句问话,而又无别的疑问词,问点在全句,表示疑问之处便在这疑问词。这种阙句,一般用"乎"字,偶有用"耶""与"诸字的。"乎"和"邪""欤"在语气之间仍是有区别的:

王视晏子曰:"齐人固善盗乎?"(《晏子春秋·内篇杂下》)

吾与汝毕力平险,指通豫南,达于汉阴,可乎?(《列子·汤问》)

子路问曰:"子见夫子乎?"(《论语·微子》)

料大王士卒足以当项王乎?(《史记·项羽本纪》)

壮士! 能复饮乎?(同上)

王曰:"齐无人耶?"(《晏子春秋·内篇杂下》)

这是楚王故意要侮辱晏子,不是真问。问中带惊讶。

上曰:"将军怯耶?"(《史记·袁盎列传》)——也带惊讶。

上召布骂曰:"若与彭越反邪?"(《史记·栾布列传》)

仁者,虽告之曰:"井有仁焉",其从之也?(《论语·雍也》）——一个仁人，就是告诉他说，井里跌下了一个仁人，他跟着下去吗？"井有仁焉"的"仁"，形容词作名词用，"仁人"的意思。

　　子贡问："师与商也孰贤？"子曰："师也过，商也不及。"曰："然则师愈与？"子曰："过犹不及。"（《论语·先进》）——子贡以为师愈于商，仍不免于疑问。

　　"不识舜不知象之将杀己与？"曰："奚而不知也？象忧亦忧，象喜亦喜。"曰："然则舜伪喜者与？"曰："否。"（《孟子·万章上》）

舜之弟象阴谋杀舜，舜还是爱着他，因此孟子的学生以为舜不晓得他弟弟的阴谋，而问"不知象之将杀己与"。孟子说，舜是知道的；于是又问，"舜伪喜者与"。万章以为舜是伪喜者。"与"是半信半疑的疑问词。

　　长沮曰："夫执舆者为谁？"子路曰："为孔丘。"曰："是鲁孔丘与？"曰："是也。"曰："是知津矣。"问于桀溺。桀溺曰："子为谁？"曰："为仲由。"曰："是鲁孔丘之徒与？"对曰："然。"（《论语·微子》）

"是鲁孔丘与"以及"是鲁孔丘之徒与"都是明知故问，可说信多于疑。

　　11·34　若在进逼句，"乎"和"与"或"欤"的区分便不大，因为"乎"的疑问成分也不重了。

　　夫十有一月之中，凡富贵之子，慷慨得志之徒，其疾病而死，死而湮没不足道者，亦已众矣，况草野之无闻者欤？（张溥：《五人墓碑记》）

　　臣以为布衣之交尚不相欺，况大国乎？（《史记·廉

颇蔺相如列传》)

　　且庸人尚羞之,况于将相乎?(同前)

11·35　"邪"字若要表示信多于疑,一般另加表示测度的副词,如"得无"之类("得无"相当于口语的"莫非"):

　　今民生长于齐不盗,入楚则盗,得无楚之水土使民善盗耶?(《晏子春秋·内篇杂下》)

　　成反复自念:得无教我猎虫所耶?(《聊斋志异·促织》)

11·36　特指问句,在句中另有疑问词,或询人、询事物、询地方,或询原因,疑问的重点即在那一疑问词上。这种问句,本无需疑问语气词,如"而山不加增,何苦而不平?""且焉置土石?"(《列子·汤问》)都是无语气词的疑问句。若有语气词,疑问重点仍未转移,因之,"也""矣""焉"这些表示肯定的词有时也用得着。先秦文中,这种问句不大用"乎"字;秦汉以后,用得多起来了。"为"字只能跟"何"字用。

　　孔子不能决也。两小儿笑曰:"孰为汝多知乎?"(《列子·汤问》)

　　苟如君言,刘豫州何不遂事之乎?(《资治通鉴》:赤壁之战)

　　且夫发七国之难者,谁乎?(苏轼:《晁错论》)

　　为两郎僮,孰若为一郎僮耶?(柳宗元:《童区寄传》)

　　君何不从容为上言邪?(《史记·季布列传》)

　　客何为者也?(《史记·平原君列传》)

　　何为不去也?(《礼记·檀弓》)

追我者,谁也?(《孟子·离娄下》)

而五人生于编伍之间,素不闻诗书之训,激昂大义,蹈死不顾,亦曷故哉?(张溥:《五人墓碑记》)

其辱人贱行,视五人之死,轻重固何如哉?(同前)

安能屈豪杰之流,扼腕墓道,发其志士之悲哉?(同前)

痛定思痛,痛何如哉?(文天祥:《指南录后序》)

嗟夫!大阉之乱,缙绅而能不易其志者,四海之大,有几人欤?(张溥:《五人墓碑记》)

谁与,哭者?(《礼记·檀弓》)——"哭者谁与"之倒装。

丘何为是栖栖者与?(《论语·宪问》)——孔丘为什么这样不安的样子呢?

公输盘曰:"夫子何命焉为?"子墨子曰:"北方有侮臣者,愿藉子杀之。"(《墨子·公输》)

如今人方为刀俎,我为鱼肉,何辞为?(《史记·项羽本纪》)

何故深思高举,令自放为?(《楚辞·渔父》)

君侯亦知之矣,何以卜为?(刘基:《司马季主论卜》)

先生处胜之门下,几年于此矣?(《史记·平原君列传》)

危而不持,颠而不扶,则将焉用彼相矣?(《论语·季氏》)

与其卖而分,孰若吾得专焉?(柳宗元:《童区寄传》)

既富矣,又何加焉?(《论语·子路》)——已经富裕了,再给他们什么呢?

王若隐其无罪而就死地,则牛羊何择焉?(《孟子·梁惠王上》)——王假若痛心它(牛)无辜而被杀,那宰牛和宰羊有什么可选择的呢?

这些不同的语气词的应用,并不是毫无区别的:不过疑问重点既别有所在,则其间的区别比较不显著罢了。譬如"哉"偏于感叹,有时甚至叹多于问;"矣"仍带已然的意味,"焉"字仍兼有"之"(专焉)和"于是"(加焉、何择焉)的意义,还都是可以从所举句例中看得出的。

11·37 抉择问句是虽然没有特指的疑问词,却由几个分句构成疑问,答案即在几个分句之中抉择其一,至少问者的要求是如此的。自然也有答案在所问之外的:

曰:"王之所大欲,可得闻与?"王笑而不言。曰:"为肥甘不足于口与?轻暖不足于体与?抑为采色不足视于目与?声音不足听于耳与?便嬖不足使令于前与?——王之诸臣皆足以供之,而王岂为是哉?"曰:"否;吾不为是也。"(《孟子·梁惠王上》)

但这是孟子故意设问,不能和一般情况相比。这种问句的语气词,"乎""欤""邪"都可以用。有时上分句用"邪""乎",下分句用"也"。用不用连词"抑""意""且""将"诸字倒不一定。不用,从上下文中也可以看出。

人皆谓我毁明堂。毁诸(之乎)?已乎?(《孟子·梁惠王下》)

滕,小国也,间于齐楚。事齐乎?事楚乎?(《孟

子·梁惠王下》）

　　子禽问于子贡曰：夫子之至于是邦也，必闻其政。求之与？抑与之与？（《论语·学而》）

　　仲子所居之室，伯夷之所筑与？抑亦盗跖之所筑与？（《孟子·滕文公下》）

　　公以为吴兴兵，是邪？非邪？（《史记·淮南衡山王列传》）

　　不知天之弃鲁邪？抑鲁君有罪于鬼神，故及此也？（《左传·昭公二十六年》）

　　岂吾相不当侯邪？且固命也？（《史记·李广列传》）

　　足下欲助秦攻诸侯乎？且欲率诸侯破秦也？（《史记·郦生列传》）

　　不识臣之力也？抑君之力也？（《韩非子·难二》）

11·38　反诘问句的规律是原意的否定。本来没有疑问，原意在着重地否定它，便用反诘形式。因此，原句是肯定的，用反诘语便是否定它；原句是否定的，用反诘语便是肯定它。辩论时用它来结束，可以增强说服力量。

11·39　反诘句一般带反诘副词，也称疑问语气词。只有反诘副词的，见于文章的少，见于诗词中者较多，因为诗词中不大用语气词。今各举两例：

　　王如用予，则岂徒齐民安？天下之民举安。（《孟子·公孙丑下》）

　　嗟乎！孟尝君特鸡鸣狗盗之雄耳，岂足以言得士？（王安石：《读孟尝君传》）

　　君王城上竖降旗，妾在深宫那得知？十四万人齐解

甲，宁无一个是男儿？（《后山诗话》引花药夫人《国亡诗》）

但愿君恩顾妾深，岂惜黄金买词赋？……覆水再收岂满杯？弃妾已去难重回。（李白：《白头吟》）

11·40　另有些反诘句，形式和普通问句相同，而实在是无疑之问，意在否定。这是意义上的反诘句。在疑问句节所举诸例中，如"安能屈豪杰之流，扼腕墓道，发其志士之悲哉？"（张溥：《五人墓碑记》）原意是不能屈豪杰之流；"四海之大，有几人欤？"（同前）原意是"没有几人"；"则将焉用彼相矣？"（《论语·季氏》）原意是"不必用彼相矣"。这都由上下文可以看出。又如：

此不为远者小而近者大乎？（《列子·汤问》）

夫以秦王之威，而相如廷叱之，辱其群臣。相如虽驽，独畏廉将军哉？（《史记·廉颇蔺相如列传》）

况操自送死，而可迎之耶？（《资治通鉴》：赤壁之战）

这都是不待回答而自明的。

11·41　反诘副词"岂"字用得最多，疑问语气词"乎""哉""邪"都可用：

巨屦小屦同贾（价），人岂为之哉？（《孟子·滕文公上》）

且遂闻汤以七十里之地王天下，文王以百里之壤而臣诸侯，岂其士卒众多哉？（《史记·平原君列传》）

是儿少秦武阳二岁，而讨杀二豪，岂可近邪？（柳宗元：《童区寄传》）

日夜望将军至，岂敢反乎？（《史记·项羽本纪》）

沛公不先破关中，公岂敢入乎？（同前）

11·42　还有以反诘句的形式而并非否定，因之实质上

是询问的,这只是偶然现象:

> 谓先主曰:"诸葛孔明者,卧龙也,将军岂愿见之乎?"(《三国志·诸葛亮传》)

> 此殆天所以资将军,将军岂有意乎?(同前)

前句是徐庶对刘备的话,本意是希望刘备去和诸葛亮相见;后句是诸葛亮对刘备的话,本意是劝刘备取荆州;都不是原意的否定。

七、表感叹

11·43 表感叹的多半用"哉"字和"夫"字:

> 呜呼!亦盛矣哉!(张溥:《五人墓碑记》)

> 孝哉闵子骞!(《论语·先进》)

> 南宫适出。子曰:"君子哉若人,尚德哉若人!"(《论语·宪问》)

> 上怒曰:"烹之!"通曰:"嗟呼!冤哉烹也!"(《史记·淮阴侯列传》)

> 言未既,有笑于列者曰:"先生欺余哉!"(韩愈:《进学解》)

> 仁夫公子重耳!(《礼记·檀弓》)

> 子在川上,曰:"逝者如斯夫!不舍昼夜。"(《论语·子罕》)

> 南人有言曰:"人而无恒,不可以作巫医。"善夫!(《论语·子路》)

11·44 至于其他的语气词"也""焉""矣""已"用于感叹句的,仍旧是依其原来的特性而用它,表示感叹语气的另有所在——或者上文有叹词,或者句中有其他副词兼示感叹——而仍用"也""焉""矣""已"诸语气词,并不妨碍原句之为感叹句而已。

恶!是何言也!(《孟子·公孙丑上》)

于是高帝曰:"吾乃今日知为皇帝之贵也!"(《史记·叔孙通列传》)

甚矣,子之不惠!(《列子·汤问》)

嗟乎!师道之不传也久矣!欲人之无惑也难矣!(韩愈:《师说》)

噫!其可哀也已。(王安石:《许君墓志铭》)

子曰:"巍巍乎舜禹之有天下而不与焉。"(《论语·泰伯》)

八、语气词的连用

11·45　语气词有连用两个的,重点一定在末一个。这种连用,更表示语气的加强。

"焉耳"连用,重点在"耳",比单用"耳"字的语气强:

夫安驱徐行,辅中庸之庭,而造于其室,舍二贤人者而谁哉?予昔非敢自必其有至也,亦愿从事于左右焉耳,辅而进之其可也。(王安石:《同学一首别子固》)

秦以山西鏖六国,欲帝万世。刘以一呼而关门不守,武夫健将卖降恐后,何耶?诗书之道废,人惟见利而不闻义焉耳。(李觏:《袁州州学记》)

其窃符也,非为魏也,非为六国也,为赵焉耳。(唐顺之:《信陵君救赵论》)

11·46 "乎哉""也哉""焉哉"连用,重点在"哉",表示感叹或者疑问:

> 或问谏议大夫阳城于愈,可以为有道之士乎哉?……问其官,则曰:"谏议也。"问其禄,则曰:"下大夫之秩也。"问其政,则曰:"我不知也。"有道之士,固如是乎哉?(韩愈:《诤臣论》)

> 董生举进士,连不得于有司,怀抱利器,郁郁适兹土,吾知其必有合也。董生勉乎哉!(韩愈:《遂董邵南序》)

> 观其坐高堂、骑大马、醉醇醴而饮肥鲜者,孰不巍巍乎可畏,赫赫乎可像也?又何往而不金玉其外,败絮其中也哉?(刘基:《卖柑者言》)

> 良医之子多死于病,良巫之子多死于鬼,岂工于活人而拙于谋子也哉?(方孝孺:《深虑论》)

> 反是不思,亦已焉哉!(《诗经·卫风·氓》)——不想想过去,也就算了吧!

11·47 "矣哉"的用法,如下面两例句可以看出:

> 久矣哉,由之行诈也!(《论语·子罕》)

> 甚矣哉,为欺也!(刘基:《卖柑者言》)

这两句的正常说法是"由之行诈久矣""为欺也甚矣";倒装一下,"久矣,由之行诈也""甚矣,为欺也",便加重了语气;又加一"哉"字,语气更重了。

"矣夫""也夫"的连用,正如上面的"矣哉"一样,"夫"字也是后加以表示感叹的:

> 三年之丧,亦已久矣夫!(《礼记·檀弓》)——三年的丧服,也太久了罢!

余尝读商君《开塞耕战书》与其人行事相类，卒受恶名于秦，有以也夫！（《史记·商君列传》）

第十二章 小品词

一、小品词是什么

12·1 小品词的概念是：（一）本身不能独立，一定要黏附于其他的词或者句子，才能起作用；（二）受它黏附的成分，一定因而增加了意义，或者改变了意义，甚至改变了性质，如"之""者""所""然""焉""尔"等字。

这些字，以前的语法学者会用各种不同的方法来处理它，而且有些至今还成为纠纷问题。"之"字，有的说是介词，有的说是连词，有的说是助词，有的说是词尾。"所"字呢，有的说是助动词，有的说是代词。总而言之，这些字，因为没有妥善的方法去安置它，才成为讨论的问题。在代词、介词、连词、助词这些词类中，它又像此类，又像彼类，又都不像，才有不同的处置；甚至同一位专家，先后都有不同的说法。可见在原有的一些词类中，并没有它的适当位置。王力先生可能是由于此点，才立"记号"一名①。王先生会把"所"字看为记号。即以"所"字而论，它不仅黏附一个词，而且能黏附于动词谓语

---

① 见王力：《中国语法理论》上册，商务印书馆版，263—282页。

结构（如"所仰望而终身"），而改变其意义与性质，若说它只是记号，未免小看了它。因此，我参照俄语语法，试立小品词一类，来归纳这些词。

二、"所"

12·2 "所"字一般黏附于动词和介词之上，结合成为体词或者区别词：

（一）黏附于动词之上结合成为体词的：

> 问女何所思，问女何所忆？女亦无所思，女亦无所忆。（《木兰辞》）

"何所思"和"何思"不同。"何思"的"思"是动词，译成口语是"想什么"；"何所思"的"所思"是体词，译成口语是"想的是什么"。"无所思"可以译为"不想什么"，但和"不思"不同。"不思"的"不"是副词，因为"思"是动词；"无所思"的"无"是否定词作动词用，因为"所思"是体词；若机械地译成口语，是"没有什么想的"。"所"字这种用法，除少数例外，似乎含有指代那动作的对象的意思。"所思"指的是"思"的对象。少数例外，如《诗经·小雅·小宛》的"毋忝尔所生"，"所生"指的是父母，生育的人；不是指的子女，被生育的人。而一般则是指动作的对象的。再举些例：

> 今先生处胜之门下三年于此矣，左右未有所称诵，胜未有所闻，是先生无所有也。（《史记·平原君列传》）
> 此百世之怨，而赵之所羞，而王弗知恶焉。（同前）
> 且立石于其墓之门，以旌其所为。（张溥：《五人墓碑记》）

卖炭得钱何所营？身上衣裳口中食。（白居易：《卖炭翁》）

"吾将瞷良人之所之也。"蚤起，施从良人之所之。（《孟子·离娄下》）

良人者，所仰望而终身也。（同前）——"所仰望而终身"的"所"一直贯穿到"终身"，意思是"仰望而终身的人"。

非人世所堪。（文天祥：《指南录后序》）

会征促织，成不敢敛户口，而又无所赔偿。（《聊斋志异·促织》）

有时候，"所……"可以作为包孕句中子句的谓语；

缙绅、大夫、士萃于左丞相府，莫知计所出。（文天祥：《指南录后序》）

"计所出"为"知"的宾语，故为包孕子句，"计"又为主语，"所出"则为其谓语，译成口语是"没有人知道计策出于何处"。

有时候黏于无动作性的描写词上（一般形容词如果不转为动词，不能和"所"字结合）：

杀所不足而争所有余，不可谓智。（《墨子·公输》）

12·3 （二）黏附于动词结合成为形容性的区别词的：

仲子所居之室，伯夷之所筑与，抑亦盗跖之所筑与？所食之粟，伯夷之所树与，抑亦盗跖之所树与？是未可知也。（《孟子·滕文公下》）

这里，"所居"和"所筑"不同，"所食"和"所树"不同。"所居""所食"为修饰成分，其中心词为"室"为"粟"，而且有"之"字在其下。"所筑""所树"则为中心词，其上却另有修饰成分。所以"所居""所食"是以实体词作区别词用,"所居之室""所食之粟"也可以说为"所居室""所食粟",不用"之"字。而且这种说法常常是不用"之"字的:

和氏璧,天下所共传宝也。(《史记·廉颇蔺相如列传》) ——所共传之宝。

夜则以兵围所寓舍。(文天祥:《指南录后序》)——所寓之舍。

既入宫中,举天下所贡蝴蝶、螳螂、油利挞、青丝额一切异状遍试之,无出其右者。(《聊斋志异·促织》)——所贡之蝴蝶……一切异状。

"所谓"之下更没有用"之"字的:

此所谓战胜于朝廷。(《战国策·齐策》)

公等录录,所谓因人成事者也。(《史记·平原君列传》)

因为这种用法,所以"所……"之下容许再黏附以"者"字,

然则吾所求者无不可乎?(《左传·昭公四年》)

叔孙所馆者,虽一日,必葺其墙屋,去之如始至。(《左传·昭公二十三年》)

视吾家所寡有者。(《战国策·齐策》)

所爱者,挠法活之;所憎者,曲法诛灭之。(《史记·酷吏列传》)

十六年而有妇,孺人所聘者也。(归有光:《先妣事略》)

12·4 (三)黏附于介词的:

抚军不忘所自。(《聊斋志异·促织》)

自古至今,所由来远矣。(《史记·三王世家》)

彼能征服此蹇运,而我不能,即彼成我败所由判

也。(梁启超：《毅力》)

揖所与立。(《论语·乡党》)——向同着站立的人作揖。

其妻问所与饮食者,则尽富贵也。(《孟子·离娄下》)

梁乃召故所知豪吏,谕以所为起大事。(《史记·项羽本纪》)——以起大事的目的谕之。"为"表动机。

陛下所为不乐,非为赵王年少,而戚夫人与吕后有郤邪?(《史记·张丞相列传》)——陛下不快乐的原因,不是因为赵王年轻,而他母亲和吕后又有嫌隙吗?"为"表原因。

公输盘诎,而曰:"吾知所以距子矣,吾不言。"(《墨子·公输》)——我知道抵制你的方法了。"以"表方法,当"用"字解。

夫江湖所以济舟,亦所以覆舟。(《三国名臣序赞》)——上"以"字表凭借,可释为"用";下"以"字表原因,可释为"因"为"由"。

王之所以叱遂者,以楚国之众也。(《史记·平原君列传》)——"以"表原因,"所以"可译为"……的缘故"。

臣所以去亲戚(父母)而事君者,徒慕君之高义也。(《史记·廉颇蔺相如列传》)——我离开爹娘而事你的缘故,不过是慕君之高义而已。

强秦之所以不敢加兵于赵者,徒以吾两人在也。(同前)

吾所以为此者,以先国家之急而后私雠也。(同前)

所以遣将守关者,备他盗之出入与非常也。(《史记·项羽本纪》)

这些"所以"和我们现代口语的"所以"不同。现代的"所以"，是连词，古文用"故"字。但现代的"所以"是由这种"所以"演化而来的。

三、"者"

12·5 "者"字可以黏附于区别词和述说词以及短语之后成为名词语，在名词章已有叙述。它还可以放在句末，和"若""如""似"诸字相应，可译为"……的样子"：

言之，貌若甚戚者。(柳宗元：《捕蛇者说》)

子之哭也，壹似重有忧者。(《礼记·檀弓》)

孔子于乡党，恂恂如也，似不能言者。(《论语·乡党》)

于是公子立自责，似若无所容者。(《史记·信陵君列传》)

建为郎中令，事有可言，屏人资言极切。至廷见，如不能言者。(《汉书·石奋传》)

东野之役于江南也，有若不释然者。(韩愈：《送孟东野序》)

也有不用"似""如""若"诸字的：

阳虎伪不见冉猛者。(《左传·定公八年》) —— 阳货装做没看见冉猛的样子。

吾视郭解状貌不及中人，言语不足采者。(《史记·游侠列传》) ——我看郭解像貌还赶不上普通人，言语也是不足取的样子。

四、"然"

12·6 "然""如""焉""尔"诸字黏附于别的字结成副

词,已详副词章(8·8),这些都可以归之于小品词。"然"也可以和"若""如"诸字连用,黏附于句末,表示拟象,可以用"一样"来口译它;若在形容词下,又可以用"的样子"来译它。

望晚日照城郭、汶水、徂徕如画,而半山居雾若带然。(姚鼐:《登泰山记》)

无若宋人然。(《孟子·公孙丑上》)——不要像宋人一样。

予岂若是小丈夫然哉?(《孟子·公孙丑下》)——我难道像这个小丈夫一样吗?

以上"若"下为体词。

今言王若易然。(《孟子·公孙丑上》)——如今你讲统一天下像很容易的样子。"易",形容词。

木若以美然。(《孟子·公孙丑下》)——棺木像太好了的样子。

人之视己,如见其肺肝然。(《礼记·大学》)——别人看我,好像看到了五脏六腑一样。

善养生者若牧羊然,视其后者而鞭之。(《庄子·达生》)——善于养生的人像牧羊一样,看哪一些落后的就鞭策它。

其视杀人若艾草菅然。(《汉书·贾谊传》)——他把杀人看成锄草一样。

五、"之"

12·7 "之"字作为小品词,用法甚多:

(一)相当于口语"的"字,置于形容性附加成分和中心

词之间。附加成分和中心词有的是领属关系,如 :

> 寡人之过　　寡人之耳。(《战国策·齐策》)
>
> 王之命,悬于遂手。　　取鸡、狗、马之血来!(《史
> 记·平原君列传》)

有的是修饰性的 :

> 毛先生以三寸之舌,强于百万之师。(同前)
>
> 智能之士,思得明君。(《三国志·诸葛亮传》)

有的是同一性的

> 操蛇之神闻之。(《列子·汤问》)
>
> 以君之力,曾不能损魁父之丘。(同前)
>
> 公输盘为楚造云梯之械。　　公输盘九设攻城之
> 机变。(《墨子·公输》)

无论它们之间的关系是哪一种,"之"字的作用是相同的。

"之"字在这儿不外两种作用 :其一是调整字数,其一是和缓语气。文言句法有一个这样的原则 :合起来的字数最好是偶数。因此,"寡人之过""寡人之耳""三寸之舌""百万之师"以及"操蛇之神"等等,这些"之"字都是必要的。"以君之力",合起来四个字,也比"以君力"的三个字要顺口些。这是"之"字调整字数的作用。至于和缓语气,便可举"王之命,悬于遂手"为例。"王之命"三个字,不说"王命"而必加"之"字的缘故,便是因为在这里需作一停顿,有个"之"字,语气便较和缓。

12·8　就在这三种关系中,用与不用"之"字也还略有区别。修饰性的和同一性的以用"之"字为常,如果是较长的附加语,"之"字是必用的。而领属性的则不用时居多,尤其

以人称指代词为领位的时候，更以不用为常。"使来者读之，悲予志焉"（文天祥：《指南录后序》），"予志"便不必说为"予之志"。再看：

男女衣着，悉如外人。（陶潜：《桃花源记》）

今父老子弟虽患苦我，然百岁后期令父老子孙思我言。（褚少孙：《史记·滑稽列传补》）

"男女衣着"是"男女之衣着"的意思，"男女"和"衣着"的关系，不是并列的，而是相领属的（主从的）。"如外人"者，不是"男女"，而是他们的"衣着"，这说明他们还穿着秦时服装。"父老子弟"则是"父老"与"子弟"的意思。患苦我的人，不仅有"父老"，而且有"子弟"，是称老少之"民"。至于"父老子孙"则是"父老之子孙"的意思，百岁后思我言者，自然不是"父老"而是他们的子孙了。这些表领属关系"之"字的不用，常易引起误会，必须玩味文意而后得之。

12·9 "之"和口语的"的"还有个不同的地方，便是在一个中心词上，若有几个并列的附加成分，口语可以在每一附加成分后附以"的"字，而文言则只能在最后那个附加成分后用"之"字。因之，"取鸡、狗、马之血来"，口语可以说为"取鸡的、狗的、马的血来"，文言却不能说为"取鸡之、狗之、马之血来"。

然则怪迂、阿谀、苟合之徒自此兴。（《史记·封禅书》）

枯槁、沉溺、魁宏、宽通之士，必且洋洋焉动其心，峨峨焉缨其冠，于于焉而来矣。（韩愈：《上宰相书》）

居穷守约，亦时有感激、怨怼、奇怪之辞以求知于天

下。(同前)

12·10 （二）"之"又可以置于主语和谓语之间,一般的用法是把主语似乎变成了与领属性同型的附加成分而句子变为子句。这种子句可以做主语:

> 君将哀而生之乎? 则吾斯役之不幸,未若复吾赋不幸之甚也。(柳宗元:《捕蛇者说》)
>
> 周公之被逮在丁卯三月之望。(张溥:《五人墓碑记》)
>
> 道之不行,已知之矣。(《论语·微子》)
>
> 子之哭也,壹似重有忧者。(《礼记·檀弓》)

也可以做宾语:

> 岂若吾乡邻之旦旦有是哉! (柳宗元:《捕蛇者说》)
>
> 今虽死乎此,比吾乡邻之死则已后矣。(同前)
>
> 五人者,盖当蓼洲周公之被逮,激于义而死焉者也。(张溥:《五人墓碑记》)
>
> 待圣人之出而投缳道路。(同前)
>
> 其辱人贱行,视五人之死,轻重固何如哉! (同前)
>
> 故予与同社诸君子,哀斯墓之徒有其石也而为之记。(同前)
>
> 欲勿予,即患秦兵之来。(《史记·廉颇蔺相如列传》)
>
> 愿伯具言臣之不敢倍德也。(《史记·项羽本纪》)

也可以用作副词语,一般是表示时间:

> 秦之围邯郸,赵使平原君求救、合从于楚。(《史记·平原君列传》)
>
> 悍吏之来吾乡,叫嚣乎东西,隳突乎南北。(柳宗

元：《捕蛇者说》）

　　然五人之当刑也，意气扬扬，呼中丞之名而詈之，谈笑而死。（张溥：《五人墓碑记》）

从"悍吏之来吾乡"和"五人之当刑也"两例看来，"来吾乡"的固是"悍吏"，"叫嚣""隳突"的也是"悍吏"；这句译成口语，应该是："悍吏，当他来我们这里的时候，叫嚣……。""五人之当刑也"句也一样："当刑"的是五人，"意气扬扬，呼中丞之名而詈之，谈笑而死"的也是五人。整句的主语和表示时间的短语结合，以下分句便不再用主语。它又可以结合主语和介宾结构的副词语：

　　天之于民厚矣。（《列子·说符》）

　　口之于味也，有同耆焉（《孟子·告子上》）

　　此犹文轩之与敝舆也。（《墨子·公输》）——这句译为口语是，这好像华丽的轩车和破烂的土车相比。与敝舆本是副词语，而用"之"字和"文轩"结合。

　　12·11　也有在主语与谓语之中用"之"字，不作子句而作分句者：

　　虽我之死，有子存焉。（《列子·汤问》）——等于说，虽我死，有子存焉。

　　若事之不济，此乃天也。（《资治通鉴》：赤壁之战）——等于说，若事不济，此乃天也。

　　我之大贤欤，于人何取不容？我之不贤欤，人将拒我，如之何其拒人也？（《论语·子张》）——等于说，我大贤吗，于人何所不容？我不贤吗，人将拒我，怎么样拒绝人家呢？

12·12 （三）"之"又可以指代词的形式和动词结合，但很难说它是指代词，因为不能说出它指什么，所以并不能算做宾语，似乎只是凑足一个音节：

　　　战于长勺。公将鼓之。(《左传·庄公十年》)

　　　填然鼓之，兵刃既接，弃甲曳兵而走。(《孟子·梁惠王上》)

"鼓"作动词用，等于"擂战鼓"，用不着宾语的，故"之"字也不能说出它究竟何所指代。

　　　天油然作云，沛然下雨，则苗浡然兴之矣。(《孟子·梁惠王上》)

　　　高祖以亭长为县送徒骊山，徒多道亡。自度：比至，皆亡之。(《史记·高祖本纪》)

"苗浡然兴""皆亡"就行了，两"之"字都不能说它是宾语。

　　　西门豹曰："诺。且留，待之须臾。"（褚少孙：《史记·滑稽列传补》）

"待之须臾"，固然可以解释为"等他们一会"，"之"指被投入河中的诸人。但若解释为"等一会"，似更近于当时说话者的神情。如此，"之"字便非指代词了。

　　　小子识之：苛政猛于虎也。(《礼记·檀弓》)

"小子识之"，"之"可以解释为"苛政猛于虎"的指代词（探下指代），但不若把"之"字看为小品词，无所指代的好。"由君子观之"(《孟子·离娄下》)"由此观之"(《战国策·齐策》)以及"秦王度之"(《史记·廉颇蔺相如列传》)诸"之"字都可以这样看待。

12·13　与这用法相近的，便是和表示时间的副词结合，如"顷之""久之"等等：

　　顷之，烟炎张天，人马烧溺死者甚众。(《资治通鉴》:赤壁之战)

　　顷之，二十余骑四面集。(魏禧 :《大铁锥传》)

　　顷之，数犬群吠……久之，司栅者出启栅。(东轩主人 :《口技甲》)

六、"焉""而"

12·14 "焉""而"诸字也都可以和表时间的副词黏附：

　　昔者有馈生鱼于郑子产，子产使校人畜之池。校人烹之。反命曰:"始舍之，圉圉焉 ;少则洋洋焉，悠然而逝。"(《孟子·万章上》)——"少"，表须臾，不用"焉"字。

　　少焉月出东山之上，徘徊于斗牛之间。(苏轼 :《赤壁赋》)

　　少焉一轮明月，已上林梢。(沈复 :《浮生六记》)

　　复征，再迁渔阳太守，寻转蜀郡太守。(《后汉书·李膺传》) ——"寻"表继承，不用"而"字。

　　寻而尚书左仆射褚遂良以忤旨左授潭州都督。(《旧唐传·韩瑗传》)

　　既而得其尸于井。(《聊斋志异·促织》)

　　遂寘姜氏于城颍，而誓之曰:"不及黄泉，无相见也。"既而悔之。(《左传·隐公元年》)

　　乐天既来为主，仰观山，俯听泉，傍睨竹树云石，自辰至酉，应接不暇。俄而物诱气随，外适内和。(白居易 :《庐山草堂记》)

于崇，吾得见王，退而有去志；不欲变，故不受也。继而有师命，不可以请。久于齐，非我志也。（《孟子·公孙丑下》）

已而得舟，避渚洲，出北海。（文天祥：《指南录后序》）

七、"之类""之属"

12·15　表示多数而黏附于名词的"等""辈"以及黏附于指代词后的"等""属""曹""辈"等等也都是小品词。在名词章已举例，这里不重复。一般用于表示人的多数。"等"字后来才用于表示物体的多数。那些词，并不完全可以随意加在指代词之后，一般的习惯是："曹"字以"汝曹""尔曹"为常见，"属"字以"我属""此属""若属"为普通，"侪"字差不多只限于"吾侪"，只有"等""辈"二字可以通用。与这些词相近的还有"之类""之流""之属"等小品复词。

故王之不王，非挟太山以超北海之类也；王之不王是折枝之类也。（《孟子·梁惠王上》）

周宣王之牧正有役人梁鸯者，能养野禽兽：委食于国庭之内，虽虎狼雕鹗之类，无不柔驯者。（《列子·说符》）

有良田、美池、桑竹之属。（陶潜：《桃花源记》）

安能屈豪杰之流，扼腕墓道，发其志士之悲哉！（张溥：《五人墓碑记》）

"之类""之属"多用于事物，"之流"则常用于人。

下　编

第十三章　句　子

一、主语的形式

13·1　句子既是有所陈述,主语便是陈述的对象,谓语则是陈述的话,即陈述的内容。名词、代词常用为主语。

名词语作为主语的也是常有现象:

> 哭声震动天地。(张溥:《五人墓碑记》)

> 长幼之节,不可废也;君臣之义,如之何其废之?
> (《论语·微子》)

> 往者不可谏,来者犹可追。(同前)

动词作主语时,可以作名词看待:

> 死且不避,卮酒安足辞?(《史记·项羽本纪》)

这一句包含两个分句,句法相似。上一分句的主语是"死",下一分句的主语是"卮酒",而又都是下文动词的目的物,在说话者的意念上以至语言结构里是被平等地看待的。"死"已无动态,而只是一种情况的名称,便无妨看作名词。

动宾语作主语的,也可以看作与名词语同价的结构:

> 板印书籍,唐人尚未盛为之。(沈括:《梦溪笔谈》)

> 张袂成阴,挥汗成雨。(《晏子春秋·内篇杂下》)

形容词偶尔也可以为主语：

> 薄如钱唇。(沈括 :《梦溪笔谈》)

> 高下不平。(同前)

子句作主语的(互参12·10)：

> 齐命使各有所主。(《晏子春秋·内篇杂下》)

> 先生处胜之门下,几年于此矣?(《史记·平原君列传》)

13·2　我们应该注意的是长的以子句为附加成分的名词语作主语,不要因其中有停顿甚至有语气词而有所误会：

> 夫十有一月之中,凡富贵之子,慷慨得志之徒,其疾病而死,死而湮没不足道者,亦已众矣。(张溥 :《五人墓碑记》)

这句话的原意是 :"所有因病而死,死而湮没不足道的那些富贵和红极一时的人也太多了。"

> 由君子观之,则人之所以求富贵利达者,其妻妾不羞也,而不相泣者,几希矣。(《孟子·离娄下》)

这句话的原意是"人之所以求富贵利达,其妻妾不羞,而不相泣者(主语)几希矣。"

13·3　主语当然允许有并列成分：

> 燕、赵、韩、魏闻之,皆朝于齐。(《战国策·齐策》)

> 战、守、迁皆不及施。(文天祥 :《指南录后序》)

二、主语和谓语的关系

13·4　主语和谓语之间有各种关系。

第一种关系,主语是谓语的施事者,这种句子的谓语一定有个动作性的动词,而主语则是那动作的主动者。这类句子的主语一般是有能动性的人物,在古文中,尤以人名、国名或人称指代词作为主语的多。短语和子句是不能作这种句子的主语的,因为它不是具体的人物,不能有能动性。

　　其后秦伐赵,拔石城。(《史记·廉颇蔺相如列传》)
　　范增起。　　　沛公大惊。(《史记·项羽本纪》)

　　13·5　第二种关系,主语是谓语的受事者。能为这种主语的比第一种广泛,凡可以作为动作的对象者都可以作为主语,不限于具体的人物。从逻辑上讲,有一部分可以说是被动句,却无表示被动的词:

　　予羁縻不得还。(文天祥:《指南录后序》)

这是一个复杂谓语句,"羁縻"与"不得还"都是谓语,"予"是"羁縻"的受事者,却又是"不得还"的主体。从逻辑上讲,应该是"予被羁縻而不得还"。但中国语言的习惯,意义上纵是被动,如无必要时,不用表示被动的词。同样的例子:

　　半匹红纱一丈绫,系向牛头充炭直。(白居易:《卖炭翁》)

"半匹红纱一丈绫"是被"系向牛头"而"充炭直"的。又如:

　　狡兔死,良狗烹;高鸟尽,良弓藏;敌国破,谋臣亡。(《史记·淮阴侯列传》)

这一整句包含三个并列分句,每一分句又包含两个形似平列意有偏正的分句。以"狡兔死,良狗烹"而论,偏句主语"狡兔"是施事者,还是受事者,可以两说。固然,这狡兔死侧重在被田猎而死,但也有自己死的。"良狗"却一定是"被烹"。同样,"良弓"是"被藏","谋臣"是"被害而亡"。而偏句与正句的句型相同,即在说话者的意念中,受事者作为陈述对象与施事者作为陈述对象在某种场合下是受同样看待的。这是主语为受事者的一种情况。另一种情况,是主语为受事者,而在动词下,又以指代词复指它,如:

　　板印书籍,唐人尚未盛为之。(沈括:《梦溪笔谈》)

　　怀王与诸将约曰:"先破秦入咸阳者,王之。"(《史记·项羽本纪》)

　　珍宝尽有之。(同前)

这种句法,有人以"外位成分"解释主语,甚至说是"宾语提前"或者"宾语倒装"。这种说法是与说话者的意念不符合的。即以"板印书籍,唐人尚未盛为之"一句论,作者全文的陈述对象便是"板印书籍",自不能不以它为陈述的起点,因而不能不认为它是主语。再看"先破秦入咸阳者王之"一句,这是楚怀王(义帝)给诸将的约言,意义是"谁先破秦入咸阳,即以秦地王之"。因此,绝不能说"先破秦入咸阳者"是"王"的宾语倒装。如果这样说,语法学者可以毫不顾及说话者的原意,则语法学的科学价值也将随之降低了。还有些句子主语是受事者,不用指代词在动词下复指,而又不能解释为意念上的被动的:

　　齐命使各有所主,其贤者使使贤王,不肖者使使不肖王。(《晏子春秋·内篇杂下》)——贤者使之使贤王,不肖者使之使不肖王。

　　民,可以(与)乐成,不可与虑始。(褚少孙:《史记·滑稽列传补》)——民,可与之乐成,不可与之虑始。

　　四体不勤,五谷不分。(《论语·微子》)

用不用"之"字重指,其为主语是相同的:

> 长幼之节,不可废也;君臣之义,如之何其废之?
> (同前)

"长幼之节""君臣之义"同为主语,一用"之"字,一不用"之"字。不能因其有"之"字,便否定陈述对象的为主语。

有些句子,受事者做主语,若从逻辑上或者意念上说,是不是被动语,是很难分别的:

> 从之利害,两言而决耳。(《史记·平原君列传》)
> 往者不可谏,来者犹可追。(《论语·微子》)
> 秦城恐不可得。(《史记·廉颇蔺相如列传》)
> 国事遂不可收拾。(文天祥:《指南录后序》)

13·6 第三种关系是主语既非施事,也非受事,只是单纯的陈述对象。这种句子又有几种类型,最多的是描写句判断句:

> 婴最不肖,故直使楚矣。(《晏子春秋·内篇杂下》)
> 晏婴,齐之习辞者也。(同前)

表示存在多少的句子也属于这类:

> 郁孤台下清江水,中间多少行人泪?(辛弃疾:《菩萨蛮》)

以子句为谓语的句子很多是属这类的:

> 遗民泪尽胡尘里,南望王师又一年。(陆游:《秋夜将晓出篱门迎凉有感》)

"遗民"是主语,"泪"又是子句的主语,不能解释为"遗民之泪尽",因为"南望"的主语是"遗民",不是"泪"。

> 当是时,项羽兵四十万,在新丰鸿门;沛公兵十万,在霸上。(《史记·项羽本纪》)

虽然"在新丰鸿门"与"在霸上"者既是"项羽"和"沛公",也是"兵四十万"和"兵十万"。但仍不能解释为"项羽的兵四十万""沛公的兵十万";这样,便与作者本意不合。必须以"项羽""沛兵"为陈述对象,为主语;其下是陈述的话,为谓语。又如:

　　沛公今事有急。(《史记·项羽本纪》)

"沛公"是主语,"今事有急"是陈述的话,为谓语。不能解释为"沛公现今之事"。"今"字古来就绝少作形容性区别词用的。

　　13·7　有些判断句是以子句为谓语的,其主语之为陈述对象更是灼然可知的了:

　　此其志不在小。(《史记·项羽本纪》)

　　此,沛公左司马曹无伤言之。(同前)

　　13·8　有些主语,只是一种提示性质:

　　其法,用胶泥刻字,薄如钱唇。(沈括:《梦溪笔谈》)

　　曩与吾祖居者,今其室十无一焉。(柳宗元:《捕蛇者说》)

　　百姓孰敢不箪食壶浆以迎将军者乎?(《三国志·诸葛亮传》)

　　左右或欲引相如去。(《史记·廉颇蔺相如列传》)

　　13·9　在诗词中,还有一种特殊句型,以动词为谓语,其实却是判断句:

　　果擘洞庭橘,鲙切天池鳞。(白居易:《轻肥》)

这句意思是"所擘的果,都是洞庭之橘;所切的鱼,都是天池之鳞"。这主语"果"与"鲙"都是陈述对象。

三、主语的省略

13·10 主语的省略,意思是,逻辑上有主语,形式上无主语。这种省略,不但是语法规律所允许的,而且是语法规律所必要的。如果不省略,语言便觉啰苏,反而不合语言习惯。

13·11 第一种省略是对话的省略,古今都是如此的：

平原君曰："先生处胜之门下,几年于此矣?"毛遂曰："三年于此矣。"(《史记·平原君列传》)——"三年于此"只是谓语,省去"我处你之门下"诸字。

樊哙曰："今日之事何如?"良曰："甚急。"(《史记·项羽本纪》)——"甚急"上省去主语"今日之事"。

公曰："小大之狱,虽不能察,必以情。"对曰："忠之属也。"(《左传·庄公十年》)——"忠之属也"省主语"此"字,"此"即指鲁公所言。

13·12 第二种省略是承上的省略,又可分为几项来说。(一)承上主语省,这是常见的例子,除非加重语气,主语不重复出现。

其印为予群从所得,至今宝藏。(沈括：《梦溪笔谈》)"至今宝藏","宝藏"的人是"群从","宝藏"之物是"其印"。说话的陈述对象不在"群从",而在"其印",所以说这里省略的主语是"其印"。

(二)承上宾语省略,这种省略一般为对宾语的补充句,用以补述宾语的情况和结果的,因之,性质是描写句的多,动宾结构的叙述句不常见。如：

徐庶见先主,先主器之。(《三国志·诸葛亮传》)

这句"先主"便不能省,若省略,势必误会为"徐庶器重先主",而不是"先主器重徐庶"了。以下则是承上宾语而把主语省略的句子:

　　山有小口,〔小口〕仿佛若有光。便舍船从口入,〔口〕初极狭,才通人。(陶潜:《桃花源记》)

　　永州之野产异蛇,〔异蛇〕黑质而白章,触草木,〔草木〕尽死;以啮人,〔人〕无御之者。(柳宗元:《捕蛇者说》)

　　有贤士大夫发五十金,买五人之脰而函之,〔脰〕卒与尸合。(张溥:《五人墓碑记》)

　　相如度秦王特以诈佯为予赵城,〔城〕实不可得。(《史记·廉颇蔺相如列传》)

　　不以木为之者,〔木〕文理有疏密,〔木〕沾水则高下不平,〔木〕兼与药相黏,不可取。(沈括:《梦溪笔谈》)

　　灵公虐,赵宣子骤谏。公患之,使鉏麑贼之。〔鉏麑〕晨往,则寝门辟矣。(《国语·晋语五》)——"鉏麑"是上句兼位,此承兼位而省略,附列于此。

(三)承上一部分的结构或者全文而省略,那要是判断句才如此:

　　助之长者,揠苗者也——非徒无益,而又害之。(《孟子·公孙丑上》)——〔揠苗〕非徒无益,而又害之。以性质论,也是判断句。

　　〔伊尹〕思天下之民,匹夫匹妇有不与被尧舜之泽者,如己推而内之沟中,——其自任以天下之重也。(《孟子·万章下》)——〔此〕其自任以天下之重也。这是判断句。

13·13　在几个分句构成的复合句中,其主语的承上省略,不一定一致;以文意推之,不致误解:

　　汉室倾颓,奸臣窃命,主上蒙尘。孤不度德量力,欲信(伸)大义于天下,而智术浅短,〔奸臣〕遂用猖獗,至于今日。然〔孤〕志犹未已。(《三国志·诸葛亮传》)

　　子曰:"隐者也。"使子路反见之,〔子路〕至,〔隐者〕则行矣。(《论语·微子》)

　　孔子下,欲与之言。〔接舆〕趋而避之,〔孔子〕不得与之言。(《论语·微子》)

13·14　第三种是主语如已和副词语(一般是表示时间的)结合为子句,则下文分句的主语便不再出现:

　　悍吏之来吾乡,〔悍吏〕叫嚣乎东西,隳突乎南北。(柳宗元:《捕蛇者说》)

　　然五人之当刑也,〔五人〕意气扬扬。(张溥:《五人墓碑记》)

四、倒装句

13·15　主语和谓语的次序,一般是主语在前。但感叹句和疑问句,有时把主语放在谓语之后,以加强感叹和疑问。这种叫做倒装句:

　　甚矣,汝之不惠!(《列子·汤问》)

　　贤哉,回也!(《论语·雍也》)

　　小人哉,樊须也!(《论语·子路》)

　　死矣,盆成括!(《孟子·尽心下》)

　　宜乎百姓之谓我爱也。(《孟子·梁惠王上》)

江芊怒曰："呼！役夫！宜君王之欲杀女而立职也！"（《左传·文公元年》）——"君王之欲杀汝而立职也宜"的倒装。

　　子张问："士何如斯可谓之达矣？"子曰："何哉，尔所谓达者？"（《论语·颜渊》）

　　伯鱼之母死，期（一年后）而犹哭。夫子闻之，曰："谁与，哭者？"（《礼记·檀弓》）

五、无主语句和无谓语句

13·16　上文说过，从逻辑上讲，句子应具备主语，但依照语言的实际环境，有些句子却是本来无主语的，我们叫做无主语句。

13·17　无主语句有四种。第一种是说明天象的，口语的"刮风""下雨""出太阳"都是这类的句子，文言也如此：

　　三年春，不雨。夏六月，雨。（《左传·僖公三年》）

　　冬十月，雨雪。（《春秋·桓公八年》）

　　雨我公田，遂及我私。（《诗经·小雅·大田》）

13·18　第二种是以"有"字开始的句子。在现代语里，当第一次出现的名词作陈述对象的时候，常常用"有"字引起：

　　有个农村叫张家庄。张家庄有个张木匠。（赵树理：《登记》）

"有"字前若有地位词，我们可以说这地位词作它的主语。"张家庄有个张木匠"，"张家庄"便是主语。若"有"字前无地位词或其他名词，便是无主语句。"有个农村叫张家庄"便是无主句。文书的例子：

有蒋氏者,专其利三世矣。(柳宗元:《捕蛇者说》)

有贤士大夫发五十金,买五人之脰而函之。(张溥:《五人墓碑记》)

此物故非西产,有华阴令欲媚上官,以一头进。(《聊斋志异·促织》)

孔子过泰山侧。有妇人哭于墓者而哀。(《礼记·檀弓》)

有饿者蒙袂辑屦贸贸然来。(同前)

王坐于堂上,有牵牛而过堂下者。(《孟子·梁惠王上》)

13·19　第三种是主语泛指,无从说出,也不必说出。很多谚语是这样的,如"不登高山,不见平地"。文言中这种句子很多。现在把用"有"字起句的句子先举出来,好和上节对照;这"有"字的用法又和上节的引起主语的"有"字不同。

居安思危,思则有备,有备无患。(《左传·襄公十一年》)

这句话的意思是:谁居安思危,谁则有备;谁有备,谁则无患。

有弗学,学之;弗能,弗措也。有弗问,问之;弗知,弗措也。有弗思,思之;弗得,弗措也。有弗辨,辨之;弗明,弗措也。有弗行,行之;弗笃,弗措也。人一能之,己百之;人十能之,己千之。果能此道矣,虽愚必明,虽柔必强。(《礼记·中庸》)

"有弗学"以下直到"弗笃,弗措也"的主语都是因泛指而省略,也即是"己百之""己千之"的"己"。

奕之为数,小数也;不专心致志,则不得也。(《孟子·告子上》)——谁不专心致志,谁就得不到这技巧。

这种句法,一般可以用口语中的"谁……谁"的连锁句的形式口译。文言里没有这种连锁形式。

13·20 第四种是有些偏正句,偏句的主语也是无由说出
的:

> 诚如是,则霸业可成,汉室可兴矣。(《三国志·诸葛
> 亮传》)
>
> 非刘豫州,莫可以当曹操者。(《资治通鉴》:赤壁之战)
>
> 自非亭午夜分,不见曦月。(郦道元:《水经注》)
>
> 微管仲,吾其被发左衽矣。(《论语·宪问》)——"被
> 发"即"披发",散而不髻。"左衽",衣襟交于左边。皆当
> 时所谓"夷狄"的服式。
>
> 不有博奕者乎? 为之,犹贤乎已。(《论语·阳货》)——
> "已",止也;闲着任何事不做。
>
> 不有居者,谁守社稷? 不有行者,谁扞牧围?(《左
> 传·僖公廿八年》)

13·21 在"况且"一类连词下的分句,如果谓语所含的
意义和上一分句相同,便不说出。这是常例,不能叫它省略,
倒应叫它无谓语句:

> 夫十有一月之中,凡富贵之子,慷慨得志之徒,其疾
> 病而死,死而湮没不足道者,亦已众矣,况草野之无闻者
> 欤?(张溥:《五人墓碑记》)——草野之无闻者更多了。
>
> 臣以为布衣之交尚不相欺,况大国乎?(《史记·廉
> 颇蔺相如列传》)——大国岂相欺乎?
>
> 且庸人尚羞之,况于将相乎?(同前)——将相不
> 羞乎?

与这种句型相似的,又有:

我之不德,民将弃我,岂唯郑?(《左传·襄公九年》)——岂止郑国弃我而已的意思。

　　其先君鬼神实嘉赖之,岂唯寡君?(《左传·昭公七年》)——岂止我(寡君)嘉赖之?

六、名词、名词语代句

13·22　有时候,名词和名词语能起句子的作用。试看下一段文字:

　　蓝天,远树,黄金色的麦浪,云影在丰饶的大地上飘动,果树满开着绚烂的花朵。俄罗斯的美丽的春天。(冯明:《一个向自然索取东西的人》)

"蓝天,远树,黄金色的麦浪"以及"俄罗斯的美丽的春天"都是名词语,然而也都是句。"俄罗斯的美丽的春天"这种句型,我们不论及。"蓝天,远树,黄金色的麦浪"这种描写景物的存在句,文言中,尤其诗词中,非常的多。如有名的元人小令《天净沙》:

　　枯藤老树昏鸦,小桥流水人家,古道西风瘦马,夕阳西下,断肠人在天涯。

"枯藤、老树、昏鸦"三种东西组成一副景色,"小桥、流水、人家"三种东西组成另一景色,而"古道、西风、瘦马"却又是一种情景。三种情景又构成一幅画图。不但使"断肠人"有无限感叹,也引起了数百年后的读者的共鸣。十八个字,九个名词语,给我们的不止于完整的意义,难道能说它不是句子吗?

　　后小山下怪石卧,针针丛棘,青麻头伏焉。(《聊斋志异·促织》)

"针针丛棘"是"青麻头"所伏之处,如果把它解释为"焉"（于是）的外位,不如说它是名词语作分句,与"怪石卧"并列,同为描写"后小山下"的景物的。

再看下一个例:

> 西塞山前白鹭飞,桃花流水鳜鱼肥。青箬笠,绿蓑衣,斜风细雨不须归。(张志和:《渔歌子》)

"青箬笠,绿蓑衣"是写渔人的穿戴的,也是以名词语代句。这种句法,也普遍见于诗词中:

> 羽扇纶巾,谈笑间强虏灰飞烟灭。(苏轼:《念奴娇》)

散文中这种句例不多见:

> 端章甫,愿为小相焉。(《论语·先进》)——"端"是"礼服","章甫"是"礼帽"。意思是"穿戴着礼服礼帽,愿意做个赞礼者"。

> 昔齐人有欲金者,清旦衣冠而之市。(《列子·说符》)——"衣冠",穿衣戴帽的意思。

> 甲胄而效死,戎之政也。(《国语·晋语五》)——"甲胄",穿着甲胄的意思。

13·23 在问答句中,以单词或者短语为句的情形是常见的:

> 卖炭得钱何所营? 身上衣裳口中食。(白居易:《卖炭翁》)

> 两骑翩翩来是谁? 黄衣使者白衫儿。(同前)

> 何处望神州? 满眼风光北固楼。(辛弃疾:《南乡子》)

> 天下英雄谁敌手? 曹、刘。(同前)

第十四章　谓　语

一、判断句

14・1　句子有各种分类法。以谓语的性质分,有判断句、存在句、描写句、叙述句。以谓语的结构分,有实体词谓语句、形容词谓语句、动词谓语句、子句谓语句。这两种分类方法有相通的地方。

14・2　判断句基本上是以"是""为"诸动词为谓语的句子。这种动词,我们已经说过,并不表示动作,在句中只起联系作用,是可有可无的。在文言中,一般不用它。因之,在谓语结构方面,体现出的是以名词、名词语为谓语:

刘备,天下枭雄。(《资治通鉴》:赤壁之战)——主语作小停顿,不带任何语气词。

晏婴,齐之习辞者也。(《晏子春秋》)——主语停顿,谓语为名词语,带"也"字。下一例同。

我,子瑜友也。(《资治通鉴》:赤壁之战)

此东海也。(姚鼐:《登泰山记》)

此,帝王之资也。(《资治通鉴》:赤壁之战)——主语为单音指代词,可以作一小停顿,也可以不作停顿。上三例同。

白起,小竖子耳。(《史记·平原君列传》) ——用表限止语气词。主语为双音词,必作停顿。

此亡秦之续耳。(《史记·项羽本纪》) ——主语为单音指代词,不作停顿。

天地万物与我并生,类也。(《列子·说符》) ——主语为子句,必作停顿;谓语为单音词,必带语气词。

楚左尹项伯者,项羽季父也。(《史记·项羽本纪》) ——主语带"者"字,必作停顿,谓语一般带"也"字。下三句同。

五人者,盖当蓼洲周公之被逮,激于义而死焉者也。(张溥:《五人墓碑记》)

东谷者,古谓之天门溪水,余所不至也。(姚鼐:《登泰山记》)

贤士大夫者,冏卿因之吴公、太史文起文公、孟长姚公也。(张溥:《五人墓碑记》)

以为无益而舍之着,不耘苗者也;助之长者,揠苗者也。(《孟子·公孙丑上》) ——主语谓语都由动宾结构黏附小品词的短语构成的。

片纸抛落。视之,非字而画。(《聊斋志异·促织》) ——"非字而画"为复合句中的判断句,否定与肯定并列。

臣窃以为其人勇士。(《史记·廉颇蔺相如列传》) ——"其人勇士"为子句,这子句是判断句。

也有以子句为谓语的:

此,其志不在小。(《史记·项羽本纪》)

此,中知以上乃能虑之。(《穀梁传·僖公二年》)——这个,中等聪明以上的人少能考虑到它。

子问公叔文子于公明贾曰:"信乎,夫子不言、不笑、不取乎?"公明贾对曰:"以,告者过也。……(《论语·宪问》)——以,此也。意思是这是说话的人(告者)传错了。

这类做谓语的子句,有时候把主语隐去了:

今操已拥百万之众,挟天子以令诸侯。此,〔　〕诚不可与争锋。(《三国志·诸葛亮传》)——我们诚不可与之争锋的意思。

孙权据有江东,已历三世,国险而民附,贤能为之用;此,〔　〕可与为援而不可图也。(同前)——我们可与为援的意思。

14·3　"是""为"诸动词的应用,一般是在下面五种场合下。(一)主语和宾语是一模一样的,不用"是""为",便会使人糊涂:

知之为知之,不知为不知,是知也。(《论语·为政》)

尔为尔,我为我,虽袒裼裸裎于我侧,尔焉能浼我哉?(《孟子·公孙丑上》)——你是你,我是我,你虽然在我身旁赤身露体,如何能够沾着我呢?

14·4　(二)由判断句转为名词子句(在主语与谓语之间加"之"字),"为"字不可少:

奕之为数,小数也。(《孟子·告子上》)

此之为德,岂直数十百钱哉?(《史记·日者列传》)

这种句法,甚至以形容词为谓语的也加"为"字:

> 自牧归荑,洵美且异。匪女之为美,美人之贻。(《诗经·邶风·静女》)——从郊外送我一根荑草,真正美,而且新奇。不是你(荑)美,而是美人的赠礼。

> 百里奚……知虞公之不可谏而去之秦,年已七十矣,曾不知以食牛干秦缪公之为污也,可谓智乎?(《孟子·万章上》)

14·5 (三)加强语气。肯定句如:

> 必为有窃疾矣。(《墨子·公输》)

> 臣以王之攻宋也,为与此同类。(同前)

> 巫妪弟子是女子也,不能白事。(褚少孙:《史记·滑稽列传补》)

> 此为长江之险已与我共之矣。(《资治通鉴》:赤壁之战)

> 曰:"挟太山以超北海,语人曰,'我不能',是诚不能也。为长者折枝,语人曰,"我不能",——是不为也,非不能也。故王之不王,非挟太山以超北海之类也;王之不王,是折枝之类也。"(《孟子·梁惠王上》)——"是""非"对言。

以形容词为谓语的也可以如此:

> 师直为壮,曲为老,岂在久乎?(《左传·僖公二十八年》)——军队有正义的便有斗志,无正义的便无斗志,难道在于驻扎得久不久吗?但在文言,"壮"和"老"都是形容词。

> 民为贵,社稷次之,君为轻。(《孟子·尽心下》)

要再把语气加强，则用双重否定，如果不用"非不"（如《孟子·公孙丑下》"城非不高也，池非不深也，兵革非不坚利也，米粟非不多也"），便用"不为不"：

> 万取千焉，千取百焉，不为不多矣。（《孟子·梁惠王上》）

> 不为不吉也。（《公羊传·庄公四年》）

否定语要加强，不用"非"，而用"不为"：

> 此不为远者小而近者大乎？……此不为近者热而远者凉乎？（《列子·汤问》）

14·6 （四）有时候，主语省去，或者谓语是单词而又无语气词，便仍用"是""为"诸字，以求意义显豁：

> 长沮曰："夫执舆者为谁？"子路曰："为孔丘。"曰："是鲁孔丘与？"曰："是也。"曰："是知津矣。"问于桀溺。桀溺曰："子为谁？"曰："为仲由。"曰："是鲁孔丘之徒与？"对曰："然。"（《论语·微子》）

譬如"子为谁"，可以说成"子谁耶"，但若说成"子谁"，便不象话。"为孔丘"也可以说成"孔丘也"，若单讲"孔丘"，也不容易通晓。在这种场合，"是""为"诸词还是要用。

14·7 （五）"是"下的宾语提前做了主语，"是"字更有保存必要：

> 滔滔者天下皆是也。（《论语·微子》）——"天下皆滔滔者"的变式。

> 取之而燕民悦，则取之。古之人有行之者，武王是也。取之而燕民不悦，则勿取。古之人有行之者，文王是也。（《孟子·梁惠王下》）——"古之人有行之者，武王

也,文王也"的变式。

> 臣闻七十里为政于天下者,汤是也。(《孟子·梁惠王下》)

> 迨诸父异爨,内外多置小门,墙往往而是。(归有光:《项脊轩志》)

二、存在句

14·8 存在句基本上是以"有""无""多""少"作为述说词的句子。这种句子以上各章节也会触及,常用地位词作为主语:

> 庖有肥肉,厩有肥马,民有饥色,野有饿莩。(《孟子·梁惠王上》)——"庖""厩""野"都是表地点的词,而句法和"民有饥色"相同。

> 山多石,少土。(姚鼐:《登泰山记》)

14·9 若以数词或者数量词为谓语,"有"字常常不用。因此,可以说"不孝有三"(《孟子·离娄上》),也可以说"世俗所谓不孝者五"(《孟子·离娄下》),表现出来的是以数词、数量词或者带数词的名词语为谓语结构:

> 临淄三百闾。(《晏子春秋·内篇杂下》)

> 食客千人。(《列子·说符》)

> 诸侯之宝三:土地,人民,政事。(《孟子·尽心下》)

> 太行王屋二山,方七百里,高万仞。(《列子·汤问》)

> 今吾嗣为之十二年,几死者数矣。(柳宗元:《捕蛇者说》)

> 户内一僧……对林一小陀……舟尾一小童。(宋起

凤：《核工记》)

从苏轼《赤壁赋》"舳舻千里,旌旗蔽空"两句的并列来看,可见古人于数量词的谓语结构是和动宾结构同等看待的。

三、描写句

14·10　描写句基本上是以形容词和表示形貌的短语以及表示情态的子句为谓语的句子。以形容词为谓语的：

　　　　形貌昳丽。(《战国策·齐策》)

　　　　婴最不肖。(《晏子春秋·内篇杂下》)——带副词。

　　　　天之于民厚矣。(《列子·说符》)

　　　　岂其士卒众多哉?(《史记·平原君列传》)

　　　　公等录录。(同前)

　　　　意气扬扬。(张溥:《五人墓碑记》)

　　　　两鬓苍苍十指黑。(白居易:《卖炭翁》)——迭字形容词为谓语。

　　　　苛政猛于虎也。(《礼记·檀弓》)——比较,下句同。

　　　　是儿少秦武阳二岁。(柳宗元:《童区寄传》)

14·11　以表示形貌的短语为谓语的：

　　　　永州之野产异蛇,黑质而白章。(柳宗元:《捕蛇者说》)

　　　　审视,巨身修尾,青项金翅。(《聊斋志异·促织》)

　　　　且是人也,蜂目而豺声,忍人也。(《左传·文公元年》)

　　　　高祖为人,隆准而龙颜,美须髯。(《史记·高祖本纪》)

14·12　以表情态的子句为谓语的：

橘生淮南则为橘,生于淮北则为枳:叶徒相似,其实味不同。(《晏子春秋·内篇杂下》)——"其实味不同",它的果实味道不同。这"其实"与"操虽托名汉相,其实汉贼也"(《资治通鉴》:赤壁之战)作为副词语用的"其实"不同。"味不同"为子句,作"其实"的谓语。

亭东自足下皆云漫。(姚鼐:《登泰山记》)

遗民泪尽胡尘里,南望王师又一年。(陆游:《秋夜将晓出篱门迎凉有感》)

沛公今事有急。(《史记·项羽本纪》)

14·13 以表示动作情貌的词语作谓语的句子则不多见:

昔者有馈生鱼于郑子产,子产使校人畜之池。校人烹之。反命曰:"始舍之,圉圉焉;少则洋洋焉,攸然而逝。"(《孟子·万章上》)

彼为穿窬者,虽以至丑至恶之名毁之,其居之也恬然。(梁启超:《论权利思想》)

四、叙述句

14·14 叙述句基本上是以有动作性的动词或者表示心理状态的动词作述说词的句子。有些句子是只用动词意义便已完整,不必再用其他成分的:

邺吏民大惊恐。(褚少孙:《史记·滑稽列传补》)

张良出。　　范增起。(《史记·项羽本纪》)

有些句子则动词下还必须有宾语。以名词和指代词为宾语的最为普遍:

永州之野产异蛇。(柳宗元:《捕蛇者说》)

其始,太医以王命聚之。(同前)——"之"代"异蛇"。

关于叙述句宾语的各种形式,下面再谈。

五、以疑问词、副词和助动词作谓语的句子

14·15　在疑问句中常以疑问词为谓语:

余将告于莅事者,更若役,复若赋,则何如?(柳宗元:《捕蛇者说》)

其辱人贱行,视五人之死,轻重固何如哉?(张溥:《五人墓碑记》)

痛定思痛,痛何如哉?(文天祥:《指南录后序》)

今日之事何如?(《史记·项羽本纪》)

吾君在前,叱者何也?(《史记·平原君列传》)

独五人之皦皦,何也?(张溥:《五人墓碑记》)

14·16　表示程度的副词"甚",表示时间的副词"久",表示肯定的副词"必"以及表示情理的助动词"宜"、表示情势的助动词"可"和"不可",为着强调起见,有时把它提出做谓语,其他部分便成为主语了:

甚矣,汝之不惠。(《列子·汤问》)——"汝之不惠甚矣"的倒装。

王之蔽甚矣。(《战国策·齐策》)

老贼欲废汉自立久矣。(《资治通鉴》:赤壁之战)

李斯曰:"固也,吾欲言之久矣。"(《史记·李斯列传》)

今将军诚能命猛将统兵数万,与豫州协规同力,破

操军必矣。(《资治通鉴》:赤壁之战）

二子之不欲战也，宜。(《左传·哀公十一年》)

宜乎，百姓之谓我爱也。(《孟子·梁惠王上》) ——
"百姓之谓我爱也宜乎"的倒装。

且以一璧之故逆强秦之欢，不可。(《史记·廉颇蔺
相如列传》)

子曰："圣人，吾不得而见之矣；得见君子者，斯可
矣。"子曰："善人，吾不得而见之矣；得见有恒者，斯可
矣。"(《论语·述而》)

六、动词和宾语的关系

14·17　叙述句的动词，如其动作将影响到别的事物，应
该有宾语。动词和宾语的关系是多种多样的，现在以"生"字
为例。第一，可以不用宾语：

文（田文）以（于）五月五日生。(《史记·孟尝君列传》)
第二，可以把所生之物做宾语，

人取可食者而食之，非天本为人生之。(《列子·说
符》)

初，郑武公娶于申，曰武姜，生庄公及共叔段。(《左
传·隐公元年》)

第三，如果是使动用法，则以受使令的人物为宾语，而这
宾语实系动词的施事者：

君将哀而生之乎？（柳宗元：《捕蛇者说》）——君
将怜悯我而使我活下去吗？这"生"字和"项伯杀人，臣
活之"(《史记·项羽本纪》)的"活"意义相同。

夫子,所谓生死而肉骨也。(《左传·襄公二十二年》)
再以"见"字为例。一,不用宾语的,如:

刿曰:"肉食者鄙,未能远谋。"乃入见。(《左传·庄公十年》)

二,以所见之人为宾语的:

见楚王。(《晏子春秋·内篇杂下》)

于是入朝见威王。(《战国策·齐策》)

秦王坐章台见相如。(《史记·廉颇蔺相如列传》)

这几个"见"字意义又有所不同。"见楚王""见威王"的"见"是"朝见",因为往见者(主语)为臣,晤见者(宾语)为君。"见相如"的"见"是接见,因为主语"秦王"是君,宾语"相如"是臣。但古人都只用一个"见"字。

三,使动用法的例子:

胡不见我于王?(《墨子·公输》)

见其二子焉。(《论语·微子》)

"见我于王"是"使我朝见于王"的意思,"见其二子"则是引其二子出来见子路的意思(正是子路所说的"长幼之节不可废也"的根据)。古人把这种"见"字读为"现"。

动宾关系除以上几条外,还有一些,譬如:

子南之子弃疾为王御士,王每见之必泣。弃疾曰:'君三泣臣矣,敢问:谁之罪也?'(《左传·襄公二十二年》)——'三泣臣',向我哭泣三次。

骄其妻妾。(《孟子·离娄下》)——傲于其妻妾。

激昂大义。(张溥:《五人墓碑记》)——激昂于大义。

今君乃亡赵走燕。(《史记·廉颇蔺相如列传》)——

亡自赵,走到燕。

这些动宾关系,都可以加介词来解释它。

14·18　宾语的省略,一般是承上文的省略：

明日,徐公来,熟视之,自以为不如〔之〕。(《战国策·齐策》)

哙即带剑、拥盾入军门。交戟之卫士欲止不内(纳)〔之〕。(《史记·项羽本纪》)

宾语为己身,也有时省去：

扬州城下,进退不由〔己〕,殆例送死。(文天祥:《指南录后序》)

七、双宾语

14·19　动词中有"赐""予""遗""告""教""问"诸字,一般应有两个宾语。一个表示"赐""告"的内容,是指事物的宾语；一个表示"赐""告"的对象,是指人物的宾语。指事物的宾语,可用"以"字提前,正如在口语中可用"把"字提前一样：

于是项伯……具以沛公言报项王。(《史记·项羽本纪》)——都把沛公的言语报告项王。

此天以卿授孤也。(《资治通鉴》:赤壁之战)

郑伯之享王也,王以后之鞶鉴与之。(《左传·庄公二十一年》)——王把王后的以铜镜为饰的鞶带给他。

指人物的宾语,可用"于"字隔开,正如在口语中可用"向""给"诸词隔开一样：

叶公问孔子于子路。(《论语·述而》)——叶公向子路问孔子。

公伯寮愬子路于季孙。(《论语·宪问》)——公伯寮向季孙告了子路一状。

最普遍的情况,是因某一宾语上下文已经点出,便加省略:

愿借〔　〕明驼千里足。(《木兰辞》)——愿借〔天子〕明驼千里足。

与〔　〕衣裳,吏护之还乡。(柳宗元:《童区寄传》)——与〔儿〕衣裳。

我持白璧一双,欲献项王;玉斗一双,欲与亚父。(《史记·项羽本纪》)——欲献〔之〕项王……欲(以之)与亚父。

郡之贤士大夫请〔　〕于当道,即除魏阉废祠之址以葬之。(张溥:《五人墓碑记》)——所请内容,即除祠葬之之事。

14·20　如果不是以上三种情形,便是两个宾语都在动词下。口语的习惯是指人的宾语在前,指物的宾语在后,文言也如此:

王赐晏子酒。(《晏子春秋·内篇杂下》)

上大嘉悦,诏赐抚臣名马衣缎。(《聊斋志异·促织》)

成反复自念,得无教我猎虫所耶?(同前)

使人遗赵王书。(《史记·廉颇蔺相如列传》)

秦亦不以城予赵,赵亦终不予秦璧。(同前)

使奕秋诲二人奕。(《孟子·告子上》)——这“使”字当假使讲,连词。

豹往到邺,会长老,问之民所疾苦。(褚少孙:《史

记·滑稽列传补》)

公语之故,且告之悔。(《左传·隐公元年》)

例外是很少的:

蔺相如前曰:"赵王窃闻秦王善为秦声,请奉盆缻秦王,以相娱乐。"(《史记·廉颇蔺相如列传》)

14·21　但是,若指物的宾语为"之"字所指代,又一定移在前,因为"之"字必须紧接动词:

毛遂奉铜盘而跪进之楚王。(《史记·平原君列传》)——进铜盘于楚王。

吾既已言之王矣。(《墨子·公输》)——吾既已言攻宋之事于王。

得璧,传之美人。(《史记·廉颇蔺相如列传》)——传璧于美人。

因责常供,令以责之里正。(《聊斋志异·促织》)——责常供于里正。

八、宾语的位置

宾语一般在动词后,但在三种情况下,常常放在动词前:

14·22　(一)以疑问代词作宾语:

子子孙孙无穷匮也,而山不加增,何苦而不平?(《列子·汤问》)

大王来何操?(《史记·项羽本纪》)——你来,带了什么?

权知其意,执肃手曰:"卿欲何言?"(《资治通鉴》:赤壁之战)——你要说什么?

吾非斯人之徒与而谁与?(《论语·微子》)——吾不跟你们这班学生而跟谁?

　　吾谁欺?欺天乎?(《论语·子罕》)——我欺谁?欺天吗?

　　吾谁敢怨?(《左传·昭公二十七年》)——我敢怨谁?

14·23　(二)否定句,宾语又是指代词。

　　彼不我恩也。(柳宗元:《童区寄传》)——"恩"是动词。"不我恩","不善待我"的意思。

　　每自比于管仲乐毅,时人莫之许也。(《三国志·诸葛亮传》)——当时无人同意它。

　　而良人未之知也。(《孟子·离娄下》)

　　三岁贯女,莫我肯顾。(《诗经·魏风·硕鼠》)

14·24　(三)宾语提前,以"之""是""焉"诸字隔开动词。如表示动作对象的单一性,还有作"唯……是……""唯……之为……"的,现在口语还承袭有"唯你是问""唯命是听"的话。

　　宋何罪之有?(《墨子·公输》)——宋有何罪?

　　戎狄是膺,荆舒是惩。(《诗经·鲁颂·閟宫》)——击戎狄,惩荆舒。

　　我周之东迁,晋郑焉依。(《左传·隐公六年》)——依晋郑。

　　去我三十里,唯命是听。(《左传·宣公十五年》)

　　今周与四国服事君王,将唯命是从。(《左传·昭公十二年》)

　　荀偃令曰:"鸡鸣而驾,塞井夷灶,唯余马首是瞻!"

（《左传·襄公十四年》）——"驾"，驾好车马；"夷"，打平的意思；"塞井夷灶"，表示作战的决心。

其一人专心致志，惟奕秋之为听。（《孟子·告子上》）——唯听奕秋。

九、复杂谓语中的并列结构

14·25　在一句之中，谓语不止一个的，我们总名之曰复杂谓语。它有四种形式：

（一）并列结构，（二）补语式，（三）连动式，（四）兼语式。

14·26　并列的复杂谓语就是以联合式短语作谓语（联合式短语参阅3·6）：

永州之野产异蛇，黑质而白章。（柳宗元：《捕蛇者说》）——有"而"字相连。

审视，巨身修尾，青项金翅。（《聊斋志异·促织》）——四谓语，分为两读，不用连词。

此百世之怨，而赵之所羞，而王弗知恶焉。（《史记·平原君列传》）——"百世之怨""赵之所羞"两个名词语作"此"的谓语，用"而"字联合。

便要还家，设酒，杀鸡，作食。（陶潜：《桃花源记》）

遂率子孙荷担者三夫，叩石垦壤，箕畚运于渤海之尾。（《列子·汤问》）

秦之围邯郸，赵使平原君求救，合从于楚。（《史记·平原君列传》）

十、补语式

14·27　在述说词或者动宾结构之后又以别的成分来补充说明的叫做补语式。

（一）以单词作补语紧接着动词，宾语却在其后的，像

> 旦日飨士卒，为击破沛公军。（《史记·项羽本纪》）

这"击破"的说法，和"打倒""推翻"的说法一样，以一个不必带宾语的动词（如"破""倒""翻"）置于另一应有宾语的动词（如"击""打""推"）之下表示某一动作的结果，这后一动词便叫做结果补语，在口语中是很平常的。上古，动词的使动用法（见6·12），可以适当代替这种说法，因之，古文中结果补语极少见。可是，使动用法不但容易误会（如6·12所举《史记》一例），并且说起来也没有结果补语的说法好。譬如"项伯杀人，臣活之"（《史记·项羽本纪》）总不如说"项伯杀人，臣救活之"来得显豁。我以为，中古以后，在口舌中结果补语是很活跃的，不过一摇笔做文章，便有意避开它罢了。试读宋人沈括《梦溪笔谈》中的一段故事：

> 往岁士人，多尚对偶为文，穆修张景辈始为平文，当时谓之"古文"。穆、张尝同进朝，待旦于东华门外，方论文次，适见有奔马，践死一犬，二人各记其事以较工拙。穆修曰："马逸，有黄犬，遇蹄而毙。"张景曰："有犬，死奔马之下。"时文体新变，二人之语皆拙涩，当时已谓之工，传之至今。

在上文中"有奔马，践死一犬"，这是《梦溪笔谈》的作者沈括的不经意的文字。惟其不经意，此穆修张景两人的故意做文

反而来得圆通些。惟其不经意,便流露了当时口语的语法。"践死一犬"等于说"踏死了一只狗""踩死了一只狗";"践死"的"死"便是结果补语,而穆修张景却不用这种说法,不可以证明结果补语早已活跃在古人的口舌上而做古文的却要故意避免它吗? 下面再举几个流露出来的例子:

以缚即炉火烧绝之。(柳宗元:《童区寄传》)

即捕得三两头,又劣弱不中于款。(《聊斋志异·促织》)

乱石穿空,惊涛拍岸,卷起千堆雪。(苏轼:《念奴娇》)

火烈风猛,船往如箭,烧尽北船。(《资治通鉴》:赤壁之战)

14·28 (二)古文补语最常见的,是以谓语结构接谓语结构以相补充说明的:

床头屋漏无干处,雨脚如麻未断绝。(杜甫:《茅屋为秋风所破歌》)

安得广厦千万间,大庇天下寒士俱欢颜,风雨不动安如山。(同前)

死而湮没不足道。(张溥:《五人墓碑记》)

蹈死不顾。(同前)

于是辞相印不拜。(文天祥:《指南录后序》)

今存其本不忍废。(同前)

忧闷欲死。(《聊斋志异·促织》)

即捕得三两头,又劣弱不中于款。(同前)

虫跃掷径出,迅不可捉。(同前)

急击勿失!(《史记·项羽本纪》)

哙即带剑拥盾入军门,交戟之卫士欲止不内。(同前)

莫不响震失色。(《资治通鉴》:赤壁之战)

这种补语和动词所讲的内容,是一回事。或者重复其意以加强,"辞相印不拜","不拜"便是"辞相印";"急击勿失","勿失"便要"急击";"止不内","止"就是"不内"。或者以之表示程度,"忧闷欲死",以"欲死"形容"忧闷"之甚,译为口语是"遭急得要死";"迅不可捉",译成口语是"快得捉不住";"响震失色",是"吓得变了脸色",成为加"得"字的补语。

14·29 (三)"如……""似……"作补语,也是表示程度的:

> 字平如砥。(沈括:《梦溪笔谈》)
>
> 日初出大如车盖。(《列子·汤问》)
>
> 众客和之如响。(《列子·说符》)
>
> 布衾多年冷似铁。(杜甫:《茅屋为秋风所破歌》)
>
> 船往如箭。(《资治通鉴》:赤壁之战)

14·30 (四)在动宾结构后表示时段地段的词语也可以算作补语:

> 有蒋氏者,专其利三世矣。(柳宗元:《捕蛇者说》)
>
> 今吾嗣为之十二年,几死者数矣。(同前)
>
> 于是赵王乃斋戒五日。(《史记·廉颇蔺相如列传》)
>
> 去我三十里,唯命是听。(《左传·昭公十二年》)

14·31 补语和被补成分之间,不应有语音的停顿;如果有停顿,便不好算作补语。像"遂于蒿莱中侧听徐行,似寻针芥"(《聊斋志异·促织》)这句,"似寻针芥",在意义上同于(三)项补语,因为有停顿,不如看作分句。

十一、连动式

14·32 在动词一章中会谈到动词的连用法,那种连用法便是简单的连动式。本文要讲动宾结构的连动式。连动式和并列结构不同。像:

> 便要还家,设酒,杀鸡,作食。(陶潜:《桃花源记》)
>
> 秦之围邯郸,赵使平原君求救,合从于楚。(《史记·平原君列传》)

这是并列,不是连动。它和连动有一点相同:动作由同一主人出发,主语不变。但有一点大不相同:并列者之间的关系是平等的,无主从,亦少先后之别。"设酒,杀鸡,作食"三件事情,自然是同一性质的,却还是三件事。也可以说成"杀鸡、设酒、作食",于原意没有什么出入。古人说成"设酒、杀鸡、作食"者,缘于习惯,而不是缘于逻辑。"求救、合从于楚"是"求救于楚、合从于楚"的节缩。"合从"固然为着"求救","求救"不必"合从"。我们仍可以说为"合从、求救于楚",原意不变,因为"合从"与"求救"可以把它看成两件平列的事。至于连动式便不能如此,"以缚即炉火烧绝之"(柳宗元:《童区寄传》)是连动式,两种动作有时间先后的关系:先"即炉火",然后"烧绝之";也有手段目的的关系:"即炉火"为着"烧绝之"。它们之间的顺序不能颠倒。这是连动式。并列与连动可以同时用,一看下例更易明白:

> 止子路宿,杀鸡为黍而食之,见其二子焉。(《论语·微子》)

这里三个分句,是并列的分句,自然也是并列结构,不过分句的并列属于复合句的范围,非句内的一般并列。"杀鸡为黍"是并列,犹"杀鸡作食"是并列一样。但"杀鸡为黍"与"食之"却是连动。先"杀鸡为黍"才能"食之",而"杀鸡为黍"也就是为着"食之",其中有一定的顺序,不能改变。下面再举些连动的例:

　　　　持就火炀之。(沈括:《梦溪笔谈》)

　　　　吏二缚一人诣王。(《晏子春秋·内篇杂下》)

　　　　出门看火伴。(《木兰辞》)

　　　　因取刃杀之。(柳宗元:《童区寄传》)

　　　　相随买花去。(白居易:《买花》)

　　　　引河水灌民田。(褚少孙:《史记·滑稽列传补》)

　　　　廉颇闻之,肉袒负荆,因宾客至蔺相如门谢罪。(《史记·廉颇蔺相如列传》)——"肉袒负荆"是并列,"至蔺相如门"和"谢罪"是连动。

　　　　市中游侠儿得佳者笼养之。(《聊斋志异·促织》)——"得佳者"与"笼养之"有时间先后的关系。

　　　　项庄拔剑起舞。　瞋目视项王。(《史记·项羽本纪》)

　　　　瑜等率轻锐继其后,雷鼓大进。(《资治通鉴》:赤壁之战)

14·33　连动者之间有用"而"字连接的:

　　　　楚人为小门于大门之侧而延晏子。(《晏子春秋·内篇杂下》)

　　　　楚狂接舆歌而过孔子。(《论语·微子》)

　　　　趋而辟之。(同前)

植其杖而芸。(同前)

子路拱而立。(同前)

也有用"以"字连接的,"以"下的动作一定是前一动作的目的或者结果。

天之于民厚矣,殖五谷,生鱼鸟,以为之用。(《列子·说符》)——"殖五谷","生鱼鸟"为并列。

敛赀财以送其行。(张溥:《五人墓碑记》)

欲居之以为利。(《聊斋志异·促织》)——"为利"是"居之"的目的。

一鸡瞥来,径进以啄。(同前)——"啄"是"径进"的目的。

坐以待旦。(《孟子·离娄下》)

还有"而""以"都用的:

黔敖为食于路以待饿者而食之。(《礼记·檀弓》)

还有用"而后""而"("而后"之意)等连词的:

其良人出,则必餍酒肉而后反。(《孟子·离娄下》)

孔子时其亡也而往拜之。(《论语·阳货》)

十二、兼语式

14·34　兼语式也是复杂谓语的一种形式。它和连动式相同的地方便是除过长的句子外,其中很少有语音的停顿;其不同的地方便是连动式的动作必须共一个主语,兼语式的动作绝不共一个主语。兼语式必有兼位(有时候兼位可以暗藏而不说出)。兼位也者,为上一动词的宾语,同时又为下一动词的主语;即是说,它兼有不同动作的受事者与施事者两重身分。它有几种形式：

14·35 （一）最常见的是"使令"式，以"使""令""命"诸动词用得多，其他的动词也有能用于这种句式的：

得无楚之水土使民善盗耶？（《晏子春秋·内篇杂下》）——"民"是"使"的宾语，又是"善盗"的主语，是谓"兼位"。

孔子过之，使子路问津焉。（《论语·微子》）

使子路反见之。（同前）

使来者读之，悲予志焉。（文天祥：《指南录后序》）

命夸蛾氏二子负二山。（《列子·汤问》）

再火令药镕。（沈括：《梦溪笔谈》）

令女居其上。（褚少孙：《史记·滑稽列传补》）

某年月日，秦王与赵王会饮，令赵王鼓瑟。（《史记·廉颇蔺相如列传》）

遂令天下父母心，不重生男重生女。（白居易：《长恨歌》）——这是诗歌，必须作音节上的停顿。

送儿还故乡。（《木兰辞》）

吏护之还乡。（柳宗元：《童区寄传》）

敛赀财以送其行。（张溥：《五人墓碑记》）

予助苗长矣。（《孟子·公孙丑上》）

呼河伯妇来，视其好丑。（褚少孙：《史记·滑稽列传补》）

止子路宿。（《论语·微子》）

大风扬积雪击面。（姚鼐：《登泰山记》）

还军霸上，以待大王来。（《史记·项羽本纪》）

这种句式的格式是"带使令意义的动词+（加）兼位+有动作性的动词或兼带宾语"。

这种兼位有时省略：

见渔人，乃大惊……便要□还家。（陶潜：《桃花源记》）——邀〔渔人〕还家。

计未定，求人可使□报秦者。（《史记·廉颇蔺相如列传》）——可使〔之〕（人）报秦者。

有华阴令欲媚上官，以一头进，试使□斗，而才，因责□常供。（《聊斋志异·促织》）——试使〔之〕斗，"之"指那所进的一头促织。而才，因责〔华阴〕常供。

沛公曰："君为我呼□入，吾得兄事之。"（《史记·项羽本纪》）——君为我呼〔之〕入，"之"指项伯。项伯是沛公与张良对话的主要对象，不必说出。

14·36 （二）第二种兼语式是"拜……为……"式，上一动词一般是"拜""立"诸字，下一动宾结构一定是"为……"。有时"为"字省去不用。

相如既归，赵王以为贤大夫，使不辱于诸侯，拜相如为上大夫。（《史记·廉颇蔺相如列传》）

三十日不还，则请立太子为王。（同前）

诏书特下，拜臣郎中；寻蒙国恩，除臣洗马。（李密：《陈情表》）——叫我做郎中（官名），叫我做洗马（官名）。"洗"，此处读为铣。

这种格式，兼位也能省去：

召视，儿幼愿耳。刺史颜证奇之。留□为小吏，不肯。（柳宗元：《童区寄传》）

以相如功大，拜□为上卿。(《史记·廉颇蔺相如列传》)
这句的主语是赵王，谁"以相如功大"呢？绝不是蔺相如本人，因此可说"拜"下省略了兼位。至于

赵惠文王十六年，廉颇为赵将，伐齐，大破之，取阳晋，拜为上卿。(同前)

这一个"拜为上卿"，字面和上句相同，而意义迥然有别。这句的主语承上文而来，是廉颇本人，"廉颇拜为上卿"，只能作"被拜为上卿"的解释，不是兼语式，因之也无省略。因为这种被动语气是不需用表示被动的词的。

14·37 (三)第三种兼语式是命名式。上一动词一般用"谓""为""名"诸字，下一动词一般用"曰""为"诸字，有时"曰""为"都不用。如说明情况，不但可用别的动词，而且可用子句做谓语，如下文(《孟子·告子上》)句例，以"其智弗若"为"是"的谓语。

妇人谓嫁曰归。(《公羊传·隐公二年》) —— 妇人管"嫁"叫作"归"。

文王以民力为台为沼，而民欢乐之，谓其台曰灵台，谓其沼曰灵沼。(《孟子·梁惠王上》)

楚人谓乳穀，谓虎於菟。(《左传·宣公四年》) —— 楚国人管"乳"(奶)叫做"穀"(音构)，管"老虎"叫作"於(音乌)菟"。

暴其民甚，则身弑国亡；不甚，则身危国削。名之曰幽厉。(《孟子·离娄上》) —— 叫他为"幽王""厉王"。

君命太子曰仇，命其弟曰成师。(《左传·桓公二年》) —— 晋穆侯取太子之名为"仇"，为太子之弟取名

为"成师"。

　　一人虽听之，一心以为有鸿鹄将至，思援弓缴而射之；虽与之俱学，弗若之矣。为是其智弗若与？曰："非然也。"（《孟子·告子上》）——说此人（是）他的聪明不及那人吗？

　　管仲，曾西之所不为也，而子为我愿之乎？（《孟子·公孙丑上》）——而你说我愿意吗？

　　盾曰："天乎，天乎！予无罪。孰为盾而忍弑其君者乎？"（《穀梁传·宣公二年》）——谁说我忍心杀君的呢？

这种句型的兼位也可省略：

　　每自比于管仲、乐毅，时人莫之许也。惟博陵崔州平、颍川徐庶元直与亮友善，谓□为信然。（《三国志·诸葛亮传》）——谓诸葛亮之自比为信然。

　　村中少年好事者驯养一虫，自名□蟹壳青。（《聊斋志异·促织》）——自名其虫为蟹壳青。

14·38　（四）第四种兼语式为原因式。下一谓语一般是上一动作的原因或者理由，如说"原谅他小"，他"小"是"原谅"他的理由。这种句型，下一谓语可用动词，也可用形容词。

　　南村群童欺我老无力，忍能对面为盗贼。（杜甫：《茅屋为秋风所破歌》）——"我老而无力"是"南村群童欺我"的原因。

　　豫备走舸系于其尾。（《资治通鉴》：赤壁之战）——"系于其尾"是被动语气，仍为"走舸"的谓语，说明"豫备走舸"的作用,也该属于这一句型。

14·39 （五）第五种是以"有"字起的兼语式,一般其中不作停顿,只有较长的句子可以作小停顿,如下文(《列子·汤问》)的句例。

　　暮投石壕村,有吏夜捉人。(杜甫:《石壕吏》)

　　邻人京城氏之孀妻有遗男,始龀,跳往助之。(《列子·汤问》)

　　而未尝有显者来。(《孟子·离娄下》)

　　成有子九岁。(《聊斋志异·促织》)——以数量词为谓语。

　　有古陵蔚起。(同前)

十三、多种复杂谓语的综合形式

14·40　兼语式中还可以套兼语式:

　　时周瑜受使至鄱阳。肃劝权召瑜还。(《资治通鉴》:赤壁之战)——"孙权召周瑜还"是兼语式,"周瑜"是兼位,"肃劝权召瑜还"更是兼语式,"孙权"也为兼位了。

　　今者有小人之言令将军与臣有郄。(《史记·项羽本纪》)——"小人之言"和"将军"都是兼位。

14·41　兼语式和连动式以及并列结构合用的句例也常见:

　　有贤士大夫发五十金,买五人之脰而函之。(张溥:《五人墓碑记》)

　　即使吏卒共抱大巫妪投之河中。(褚少孙:《史记·滑稽列传补》)

　　乃使其从者衣褐,怀其璧,从径道亡,归璧于赵。

（《史记·廉颇蔺相如列传》）

　　谨使臣良奉白璧一双再拜献大王足下，玉斗一双再
拜奉大将军足下。（《史记·项羽本纪》）

"五人墓碑记"句以"有"字开始的兼语式，"发五十金买五人
之脰而函之"是连动。《滑稽列传补》句的"吏卒"是兼语，而
"共抱大巫妪投之河中"又是连动。《史记·廉颇蔺相如列
传》句"衣褐，怀其璧，从径道亡，归璧于赵"都接着"使其从
者"而言，不能看做分句，只能看做兼语"从者"下的连动。《史
记·项羽本纪》句，"白璧一双再拜献大王足下，玉斗一双再拜奉
大将军足下"都接"使臣良奉"而言，是兼语式下的并列结构。

第十五章　复合句

一、复合句的概念和类别

15·1　复合句是和简单句相对的。复合句的构成,必须包含两个以上的简单句。被包含的简单句叫做分句。分句与分句之间一般有停顿。可是,有些句子,形式上不但有停顿,而且也有两个分句,却不能叫它复合句：

> 相如度秦王虽斋,决负约不偿城。(《史记·廉颇蔺相如列传》)

"秦王虽斋,决负约不偿城"是复合句；可是在整句中,却做了"度"的宾语,为"相如度……"之不可分离的一部分,因此,以整句论,仍是简单句。同样：

> 然不自意能先入关破秦,得复见将军于此。(《史记·项羽本纪》)

"能先入关破秦,得复见将军于此"也可看做两个分句,但在整句中却是"自意"的宾语,而且在句子的结构上,为不可分离的部分,所以整句仍是简单句。若像这样的句子：

> 是女子不好,烦大巫妪为入报河伯,得更求好女,后日送之。(褚少孙:《史记·滑稽列传补》)

"得更求好女，后日送之"，意义上是"入报"的内容，也可说是"入报"的指事物的宾语；但在句子的组织上，和"动词"的结合，不及上面两例的紧密，不是不可分离的，而是可以相对地独立的，因之，无妨说它是复合句。

15·2　复合句分为两大系：联合句和偏正句。联合句的特点是，分句与分句一般是相连贯或者并列的，前后之间看不出主从偏正的区别。偏正句就不同，总是前分句轻，后分句重；前分句是从，是偏句，后分句是主，是正句。两大系中又分五大类：连贯式和并列式属联合句，因果式、转折式和条件式属偏正句。其中又有小类。现在列表说明如下：

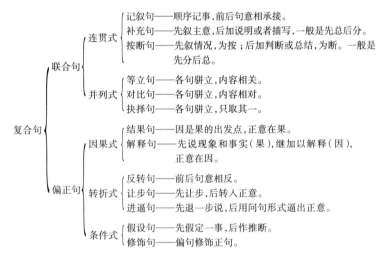

复合句中，常常又有小的复合句，有时是几种复合形式的混合应用，在下面的例句中随时附注说明。

二、记叙句

15·3 连贯式有三种：记叙句，补充句，按断句。

记叙句。这是情况的叙述，由先而后，由经过而结果，如主语承上，不重现；一般不用连词：

> 及郡下，诣太守，说如此。(陶潜：《桃花源记》)——只叙情况。以下两句同。

> 于是项伯复夜去，至军中，具以沛公书报项王。(《史记·项羽本纪》)

> 樊哙覆其盾于地，加彘肩上，拔剑切而啖之。(同前)

> 留为小吏，不肯。(柳宗元：《童区寄传》)——一句情况，一句结果。以下两句同。

> 求人可使报秦者，未得。(《史记·廉颇蔺相如列传》)

> 日与子弟角，无不胜。(《聊斋志异·促织》)

> 早出暮归，提竹筒丝笼，于败堵丛草处，探石发穴，靡计不施，迄无济。(同前)——前数句情况，末句结果。

15·4 也有用"便""因""遂""然后"诸词的，则更表明了后事之所以发生乃由于前事之发展。

> 既出，得其船，便扶向路，处处志之。(陶潜：《桃花源记》)

> 童微伺其睡，以缚背刃，力下上，得绝，因取刃杀之。(柳宗元：《童区寄传》)

> 复取刃杀市者，因大号。(同前)

> 既而得其尸于井，因而化怒为悲，抢呼欲绝。(《聊斋志异·促织》)

先世避秦时乱，率妻子邑人来此绝境，不复出焉，遂与外人间隔。(陶潜：《桃花源记》)

已而得舟，避渚州，出北海，然后度扬子江，入苏州洋，展转四明、天台，以至于永嘉。(文天祥：《指南录后序》)

15·5　"由是""于是"诸词可以承上文而用，兼表事理之相因：

庶曰："此人可就见，不可屈致也；将军宜枉驾顾之。"由是先主遂诣亮。(《三国志·诸葛亮传》)

暮寝而思之，曰："吾妻之美我者，私我也；妾之美我者，畏我也；客之美我者，欲有求于我也。"于是入朝见威王。(《战国策·齐策》)

相如曰："王必无人，臣愿奉璧往……"赵王于是遂遣相如奉璧西入秦。(《史记·廉颇蔺相如列传》)——此处用了"于是"，又用"遂"，是极少见的例子。

15·6　事情的结果为经过一番困难才有的，用"乃"字承接。"乃"译口语可为"这才"：

由是先主遂诣亮。凡三往，乃见。(《三国志·诸葛亮传》)——共去三次，这才看到。

侯生视公子色终不变，乃谢客就车。(《史记·信陵君列传》)

15·7　事情的结果，不是施事者所愿意，而早已处于无可奈何的情况中，便用"则"字承接：

其子趋而往视之，苗则槁矣。(《孟子·公孙丑上》)

使子路反见之。至，则行矣。(《论语·微子》)

公使阳处父追之。及诸河，则在舟中矣。(《左

传·僖公三十三年》)

三、补充句

15·8 补充句是以下句补充上句。这类句子,尤多用意合法,不用连词。一种是说明内容或者补叙理由:

> 齐命使各有所主:其贤者使使贤王,不肖者使使不肖王。(《晏子春秋·内篇杂下》)

"其贤者……"两并列句是补充说明"各有所主"的。

> 赵王与大将军廉颇诸大臣谋:欲予秦,秦城恐不可得,徒见欺;欲勿予,即患秦兵之来。(《史记·廉颇蔺相如列传》)

"欲予秦"以下系由两个假设句构成的并列句,而这并列句却又是说明"谋"的内容的,整句仍是连贯句。

> 陛下用群臣,如积薪耳,后来者居上。(《史记·汲黯列传》)

> 以地事秦,如抱薪救火:薪不尽,火不灭。(苏洵:《六国论》)

"后来者居上"是说明所以"如积薪"的;"薪不尽,火不灭"是说明用"抱薪救火"作比喻的内容的。

15·9 另一种是描写情况的,这种描写句,有时因为字数极少,主语又承前省略,竟与上句结合为一句了:

> 吾视其辙乱,望其旗靡,故逐之。(《左传·庄公十年》)

这句话本是"吾视其辙,其辙乱;望其旗,其旗靡"。以下的例句则是分为几个分句的:

群臣进谏,门庭若市。(《战国策·齐策》)——"门庭若市"描写"进谏"的情况。

初极狭,才通人。(陶潜:《桃花源记》)——"才通人"描写"极狭"的实况。

忽逢桃花林,夹岸数百步,中无杂树,芳草鲜美,落英缤纷。(同上)——"夹岸……"四句为并列句,都是描写桃花林的。

永州之野产异蛇,黑质而白章。(柳宗元:《捕蛇者说》)——"黑质而白章"描写"异蛇"。

皆叩头,叩头且破,额血流地,色如死灰。(褚少孙:《史记·滑稽列传补》)——"叩头且破……"三句描写恐惧情况。

自董卓以来,豪杰并起,跨州连郡者,不可胜数。(《三国志·诸葛亮传》)——"跨州连郡者不可胜数"着实写出"豪杰并起"。

少间,帘内掷一纸出,即道人意中事,无毫发爽。(《聊斋志异·促织》)——"即道人意中事"写出掷出的"一纸";而"无毫发爽"又描写所道的人意中事。

15·10　第三种是说明缘由的:

急应河阳役,犹得备晨炊。(杜甫:《石壕吏》)——"犹得备晨炊"说明所以能急应河阳役的缘由,亦无可奈何之词。

呼河伯妇来,视其好丑。(褚少孙:《史记·滑稽列传补》)——"视其好丑",所以"呼来"的缘由。

相如每朝时,常称病,不欲与廉颇争列。(《史记·廉颇蔺相如列传》）——"不欲与廉颇争列"是"常称病"的内心。

四、按断句

15·11　按断句和补充句有些地方刚刚相反,补充句是先总后分,按断句是先分后总。"按"的情况有多种,但不外叙述情况和理由。"按"句常不止一句,有连贯句,有并列句,也有转折句,甚至可以自成一完整句。还有用"夫"字起头的:

夫以秦王之威,而相如廷叱之,辱其群臣（以转折句为按。自成一完整句）。相如虽驽,独畏廉将军哉（以让步句作断）?（《史记·廉颇蔺相如列传》）

夫以疲病之卒御狐疑之众（按）,众数虽多,甚未足畏（断）（也以让步句作断）。（《资治通鉴》:赤壁之战）

15·12　现在专从断句的性质分别来谈。第一种先叙情况,然后以判断句为断。

今操已拥百万之众,挟天子以令诸侯（以连贯句为按）,此诚不可与争锋（断）。（《三国志·诸葛亮传》）

孙权据有江东,已历三世,国险而民附,贤能为之用（以连贯与并列句为按）:此可与为援而不可图也（断）。（同前）

沛公居山东时,贪于财货,好美姬;今入关,财物无所取,妇女无所幸（以连贯与并列句为按）:此其志不在小（断）。（《史记·项羽本纪》）

卒之东郭墦间,之祭者,乞其余;不足,又顾而之他（以连贯句为按）——此其为餍足之道也。（《孟子·离

娄下》)

15·13 第二种以肯定或否定叙语句为断；如加强语气，便用双重否定：

使狗国者从狗门入（虚设一义，一按）；今臣使楚（叙事，二按），不当从此门入（断）。(《晏子春秋·内篇杂下》)

我，区氏儿也（判断句为按），不当为僮（断）。(柳宗元：《童区寄传》)

孙讨虏聪明仁惠，敬贤礼士，江表英豪咸归附之，已据有六郡，兵精粮多（并列句为按），足以立事（断）。(《资治通鉴》：赤壁之战)

此人可就见，不可屈致也（判断句为按）；将军宜枉驾顾之（断）。(《三国志·诸葛亮传》)

今将军外托服从之名，而内怀犹豫之计，事急而不断（按），祸至无日矣（断）！(《资治通鉴》：赤壁之战)

秦强而赵弱（按），不可不许（断）。(《史记·廉颇蔺相如列传》) ——双重否定。下句同。

臣为韩王送沛公，沛公今事有急（叙事，一按），亡去不义（叙理，二按），不可不语（断）。(《史记·项羽本纪》)

15·14 第三种以反问句作断：

日初出沧沧凉凉，及其日中如探汤（按），此不为近者热而远者凉乎（断）？(《列子·汤问》)

虽我之死（让步句），有子存焉，子又生孙，孙又生子，子又有子，子又有孙，子子孙孙无穷匮也（一按），而山不加增（二按），何苦而不平（断）？(同前)

诸葛孔明者,卧龙也(判断句为按),将军岂愿见之乎(断)?(《三国志·诸葛亮传》)

日夜望将军至(自叙情况,为按),岂敢反乎(断)?(《史记·项羽本纪》)

而欲投吴巨。巨是凡人,偏在远郡,行将为人所并(按),岂足托乎(断)?(《资治通鉴》:赤壁之战)

五、等立句

15·15 并列式有三种类型:等立句,对比句,抉择句。等立句,有单句等立的,也有复句等立的。如果句型一致,一般不用连词。

土地平旷,屋舍俨然,有良田、美池、桑竹之属。(陶潜:《桃花源记》)——三单句联合,第一、二分句句型相似,第三分句句型变化。

老翁逾墙走,老妇出门看。(杜甫:《石壕吏》)

吏呼一何怒,妇啼一何苦。(同前)

一战而举鄢郢,再战而烧夷陵,三战而辱王之先人。(《史记·平原君列传》)

一鼓作气,再而衰,三而竭。(《左传·庄公十年》)——以上两例有数词表示他们的联合关系。

吾祖死于是;吾父死于是;今吾嗣为之十二年,几死者数矣。(柳宗元:《捕蛇者说》)——第一、二两分句单句,第三分句复句。

昔者吾舅死于虎,吾夫又死焉,今吾子又死焉。(《礼记·檀弓》)——副词"又"字表示他们之间的联合关系。

曩与吾祖居者,今其室十无一焉;与吾父居者,今其室十无二三焉;与吾居十二年者,今其室十无四五焉。(柳宗元:《捕蛇者说》)——仍是单句联合,不过单句中有停顿。下两句同。

以为无益而舍之者,不耘苗者也,助之长者,揠苗者也。(《孟子·公孙丑上》)

群臣吏民能面刺寡人之过者,受上赏;上书谏寡人者,受中赏;能讥于市朝,闻寡人之耳者,受下赏。(《战国策·齐策》)

群臣进谏,门庭若市;数月之后,时时而间进;期年之后,虽欲言,无可进者。(同前)——第一分句为连贯复句,第三分句为让步复句,第二分句为单句。

吾妻之美我者,私我也;妾之美我者,畏我也;客之美我者,欲有求于我也。(同前)——三个因果复句的联合。

15·16 有些句子,形似等立,意则连贯:

听妇前致词:"三男邺城戍,一男附书至,二男新战死。"(杜甫:《石壕吏》)

"三男"以下三句句形相似,像联合句,其实意义并不平列。老妇只三个儿子,都戍在邺城,"三男邺城戍"是先总说。下文"一男""二男"两句又分承,这两句则是联合句。如果把三句都看成联合,那"三男"便须解释为"第三郎","一男"释为"长男","二男"释为"次男"。古人似乎尚无此种说法。

子又生孙,孙又生子,子又有子,子又有孙,子子孙孙无穷匮也。(《列子·汤问》)

"子又生孙"几句,句型也相同,因为各句有副词"又"兼起连接作用,末尾又有"子子孙孙无穷匮也"的总结,便不容易误会为联合句。

汉室倾颓,奸臣窃命,主上蒙尘。(《三国志·诸葛亮传》)这三句更像等立句,但意义是相补充的。

15·17　如果句型不一致,句与句间可用"又""及""并""且"诸词:

肃请得奉命吊表二子,并慰劳其军中用事者,及说备使抚表众,同心一意共治曹操。(《资治通鉴》:赤壁之战)

在按断句假设句的上分句中,如有等立成分,用"并""且""又""而"诸词,尤可以为断句作势:

……且北方之人不习水战;又荆州之民附操者,偪兵势耳,非心服也(按)。今将军诚能命猛将就兵数万,与豫州协规同力(假设条件),破操军必矣(断)。(同前)

今北土未平,马超、韩遂尚在关西,为操后患;而操舍鞍马,仗舟楫,与吴、越争衡;今又盛寒,马无稾草;驱中国士众远涉江湖之间,不习水土,必生疾病(等立成分,用"而""又"诸词连接):此数者,用兵之患也,而操皆冒行之(总结,以上都是按)。将军禽操,宜在今日(断)。(同前)

今以实校之,彼所将中国人不过十五六万,且已久疲……(同前)

蚡以为越人相攻击,其常事;又数反复(按),不足烦中国往救也(断)。(《汉书·严助传》)

六、对比句

15·18　对比句是两个内容相对待的分句的并列。如分句短,可以两句合为一读,其中用"而"字相接:

> 秦强而赵弱,不可不许。(《史记·廉颇蔺相如列传》)——"秦强"与"赵弱"相对比。

> 赵予璧而秦不予赵城,曲在秦。(同前)——"赵与璧"与"秦不予城"相对比。

也有不用连词,形式与联合句相同的:

> 秦以城求璧而赵不许,曲在赵;赵予璧而秦不予赵城,曲在秦。(同前)

这是由两个按断句组成为大对比句,"曲在赵"与"曲在秦"对比,其间无连词。每一按句中,又自成对比,用"而"字连成一读。"秦以城求璧而赵不许"的"而"有转折的意义,也有对比的意义。

15·19　也有以肯定和否定对比的:

> 民,可以乐成,不可与虑始。(褚少孙:《史记·滑稽列传补》)

> 往者不可谏,来者犹可追。(《论语·微子》)

> 欲予秦,秦城恐不可得,徒见欺;欲勿予,即患秦兵之来。(《史记·廉颇蔺相如列传》)

> 今肃,可迎操耳;如将军,不可也。(《资治通鉴》:赤壁之战)

> 合从者为楚,非为赵也。(《史记·平原君列传》)

> 然今卒困于此。此天之亡我,非战之罪也。(《史

记·项羽本纪》）——"此天之亡我",省略了连系性动词"是"字。

非不悦子之道,力不足也。（《论语·雍也》）——意思是："不是不悦子之道,而是我的力量不够。"

非敢后也,马不进也。（同前）——意思是："不是我敢于最后撤退,而是马不前进。"

15·20　还有用连词"而"副词"惟""独"诸字表示对比的：

……非死,则徙尔;而吾以捕蛇独存。（柳宗元:《捕蛇者说》）

今数雄已灭,惟孤尚存。（《资治通鉴》:赤壁之战）

子布、元表诸人各顾妻子,挟持私虑,深失所望;独卿与子敬与孤同耳。（同前）

朱公长男竟持其弟丧归。至,其母及邑人尽哀之,唯朱公独笑,曰:"吾固知必杀其弟也。"（《史记·越王句践世家》）

成都侯商子邑为大司空,贵重。商故人皆敬事邑,唯护自安如旧节。（《汉书·楼护传》）

子所言者,其人与骨皆已朽矣,独其书在耳。（《史记·老子韩非列传》）

15·21　还有用他转的连词"至于""若夫"表示对比的：

诸将易得耳;至如信者,国士无双。（《史记·淮阴侯列传》）

白谟猷筹画,安能尽矜;至于制作,积成卷轴。（李白:《与韩荆州书》）

当在薛也,予有戒心。辞曰:闻戒,故为兵馈之。予何为不受?若于齐,则未有处也。无处而馈之,是货之也。(《孟子·公孙丑下》)——"若"以上自成整句,然而还是对比。

15·22　用得最多的是两个"则"字,《红楼梦》第二回:"女儿是水做的骨肉,男人是泥做的骨肉。我见了女儿便清爽,见了男人便觉浊臭逼人。"这两个"便"字,正合于文言"则"字的用法。

橘生淮南则为橘,生于淮北则为枳。(《晏子春秋·内篇杂下》)

谷则异室,死则同穴。(《诗经·王风·大车》)——谷,生也。

弟子入则孝,出则悌。(《论语·学而》)

非其道,则一箪食不可受于人;如其道,则舜受尧之天下,不以为泰,子以为泰乎?(《孟子·滕文公下》)

有时候,只用一个"则"字(有□处表示可加"则"字的地方):

若止印二三本,□未为简易;若印数十百千本,则极为神速。(沈括:《梦溪笔谈》)

日初出□大如车盖,及日中则如盘盂。(《列子·汤问》)

项王则受璧,置之坐上;亚父受玉斗,□置之地,拔剑撞而破之。(《史记·项羽本纪》)

今有璞玉于此,虽万镒,□必使玉人雕琢之;至于治国家,则曰,姑舍女所学而从我:则何以异于教玉人雕琢玉哉?（《孟子·梁惠王下》）——用"至于"，又用"则"。

15·23　因此，若只说出一面，而用"则"字，另一面便暗藏在里面了。

宋殇公立，十年十一战，民不堪命。孔父嘉为司马，督为大宰，故因民之不堪命，先宣言曰："司马则然。"（《左传·桓公二年》）——"司马则然"表明"我则不然"，意思是说，"十年十一战"，司马负责，我不负责。

先轸曰："子与（许）之。定人之谓礼。楚一言而定三国，我一言而亡之。我则无礼，何以战乎？"（《左传·僖公二十八年》）——"我则无礼"，表明"楚则有礼"。

七、抉择句

15·24　抉择句，这种句法多半以疑问句的形式出现，数者之中择其一。第一种形式是用"与其……孰若""与其……岂若"等关连词语，用比较语气，肯定其后一内容：

为两郎僮，孰若为一郎僮耶？（柳宗元:《童区寄传》）——只用"孰若"。

与其杀是童，孰若卖之？与其卖而分，孰若吾得专焉？（同前）

与其有誉于前，孰若无毁于其后？（韩愈:《国学解》）

从天而颂之，孰与制天命而用之？（《荀子·天论》）——不用"与其"，单用"孰与"。

且而与其从辟人之士也，岂若从辟世之士哉？（《论语·微子》）

15·25　第二种形式是用"抑""意""其""亡其""且""将"诸连词,不限于两个问句;形式上也无所肯定,任择其一。这些"抑""意"等等连词都可译为口语"还是"。

请问:"黄帝人耶?抑非耶?"(《大戴礼·五帝德》)

呜呼!其竟以此而陨其身乎?抑别有疾而致斯乎?(韩愈:《祭十二郎文》)

不识世无明君乎?意先生之道固不通乎?(《说苑·善说》)

子以秦为将救韩乎?其不乎?(《战国策·韩策》)

呜呼!其信然耶?其梦耶?其传之非其真耶?(韩愈:《祭十二郎文》)——三问句,用三"其"字。

秦之攻赵也,倦而归乎?亡其力尚能进,爱王而不攻乎?(《战国策·赵策》)

宁诛锄草茅以力耕乎?将游大人以成名乎?(《楚辞·卜居》)

亭长告余曰:"此古战场也,尝覆三军,往往鬼哭,天阴则闻。"伤心哉!秦欤?汉欤?将近代欤?(李华:《吊古战场文》)

庄子之楚,见空髑髅,髐然有形,撽(旁击也)以马捶,因而问之曰:"夫子贪生失理而为此乎?将子有亡国之事,斧钺之诛而为此乎?将子有不善之行,愧遗父母妻子之丑而为此乎?将子有冻馁之患而为此乎?将子之春秋故及此乎?"(《庄子·至乐》)——五问,用四"将"字。

王以天下事秦乎？且事齐乎？（《战国策·齐策》）

富贵者骄人乎？且贫贱者骄人乎？（《史记·魏世家》）

15·26　第三种形式不是疑问句，而是肯定句。或者用"与其……宁……"肯定后者；"宁"是助动词。

礼，与其奢也，宁俭；丧，与其易也，宁戚。（《论语·八佾》）

与其害于民，宁我独死。（《左传·定公十三年》）

与其有聚敛之臣，宁有盗臣。（《礼记·大学》）

燕将见鲁连书……喟然叹曰："与人刃我，宁自刃。"乃自杀。（《史记·鲁仲连列传》）

还有用"与其……宁其……"再加以问句的：

与其杀是人也，宁其得此国也，其孰利乎？（《国语·越语上》）

15·27　或者上句用"宁"，下句用否定副词，肯定前者，舍弃后者：

宁为鸡口，无为牛后。（《战国策·韩策》）

宁见乳虎，无值宁成之怒。（《史记·酷吏列传》）

宁我负人，毋人负我。（《三国志·魏武帝纪注》）

吾宁斗智，不能斗力。（《史记·项羽本纪》）

大丈夫宁可玉碎，不能瓦全。（《北齐书·元景安传》）

15·28　第一种和第三种有比较的意思，从"比较"的意思看来，似乎分句之间有轻有重，和第二种分句之间显然是骈立的关系有些不同。但是若不把第一种和第三种的表示关连的词语看得太重，而从分句来看，则仍是骈立的。譬如第一种

"与其杀是童,孰若卖之","杀是童"和"卖之"是骈立的,而结果是"卖之";又如第三种"吾宁斗智,不能斗力"句,"斗智"和"斗力"是骈立的,而抉择了"斗智"。所以这种句子仍属并列式。

八、结果句

15·29　因果式,这又有两类:一类是结果句,先因后果,这是依次顺序的记叙句;一类是解释句,先果后因,这是以因释果的说明句。无论是先因后果,或者先果后因,重点都在下一分句。这便是把它归之于偏正句的道理。

15·30　先因后果,上分句用"以""因""由"诸词的少,下分句则用"故""是故""是以""以此"诸词的多,或者两者都用,或者只用其一。以下是用"故"的例子。

> 婴最不肖,故直使楚矣。(《晏子春秋·内篇杂下》)
> 臣尝从大王与燕王会境上,燕王私握臣手曰:"愿结友。"以此知之,故欲往。(《史记·廉颇蔺相如列传》)
> 夫赵强而燕弱,而君幸于赵王,故燕王欲结于君。（同前）
> 彼竭我盈,故克之。吾视其辙乱,望其旗靡,故逐之。(《左传·庄公十年》)

以下是用"以故""是故"的例子:

> 苦为河伯娶妇,以故贫。(褚少孙:《史记·滑稽列传补》)
> 汉败楚,楚以故不能过荥阳而西。(《史记·项羽本纪》)
> 世皆称孟尝君能得士,士以故归之。(王安石:《读孟尝君传》)

其言不让,是故哂之。(《论语·先进》)——他的话一点不谦逊,所以笑他。

玉不琢,不成器;人不学,不知道:是故古之王者建国君民,教学为先。(《礼记·学记》)

夫珠玉金银,饥不可食,寒不可衣……粟米布帛……一日弗得而饥寒至。是故明君贵五谷而贱金玉。(《汉书·食货志》)

"以故"和"是故"虽同为复合连词,同用于表示结果的分句,可是用法仍有两点区别。(一)"以故"可以用于主语之前,也可以用于主语之后,如所引《项羽本纪》及《读孟尝君传》两例;"是故"则只能用于主语之前,更确实一点说,只能用于分句之首。(二)"以故"可以表示事实的结果,也可以表示事理的结果;就是说,"以故"的上一分句可以是表明情况的,也可以是表示理由的;"是故"一般只能用于表示事理的结果,其上一分句,只能是表理由的,而非表情况的。以下是"是以""以此""以是""由是""是用"诸复合连词的句例:

寡人愿事君朝夕不倦,将奉质币以无失时,则国家多难,是以不获。(《左传·昭公三年》)

纣之不善,不如是之甚也。是以君子恶居下流,天下之恶皆归焉。(《论语·子张》)

而其子以智,余之夙交也,以此晨夕过从。(侯方域:《与阮光禄书》)

录毕,走送之,不敢稍逾约,以是人多以书借余。(宋濂:《送马生序》)

三顾臣于草庐之中,咨臣以当世之事;由是感激,遂
许先帝以驰驱。(《三国志·诸葛亮传》)

宋微子之兴悲,良有以也;袁君山之流涕,岂徒然
哉？是用气愤风云,志安社稷。(骆宾王:《为徐敬业讨
武曌檄》)

如果这一事之果,又为另一事之因,因果关系牵连不断,则表
示结果的连词可以连接使用,不过词汇应有变换:

防民之口,甚于防川。川壅而溃,伤人必多。民亦
如之。是故为川者决之使导,为民者宣之使言。故天子
听政,使公卿至于列士献诗……而后王斟酌焉。是以事
行而不悖。(《国语·周语上》)

这一段连用"是故""故""是以"三个连词,虽然上下文气是
连贯下来的,其中却不能不用句号把句子点断,各为独立的句
子。因此只举一例,借以概括其余。

15·31 "为之"是介词与代词结合的副词语,却兼起
关连作用。它用在下一分句的主语后(不能用在主语前),因
之,这一分句必自具主语。而且它只表示此事是由上一事引
起的,所以只能表示事实的相应,不能表示事理之相因。就是
说,上句只能是叙述事实的句子,不能是说明理由的句子。

十余万人皆入睢水,睢水为之不流。(《史记·项羽本纪》)
昂首观之,项为之强。(沈复:《浮生六记》)

15·32 "所以"两个字,上古只有"王之所以叱遂者,
以楚国之众也"(《史记·平原君列传》)这种用法。这种"所
以",相当于口语的"……的缘故"。若用在表结果的分句,像

现代口语一样,只是后起的现象①:

> 盖上之情达于下,下之情达于上;上下一体,所以为泰。下之情壅阏而不得上闻,上下间隔,虽有国而无国矣,所以为否也。(王鏊:《亲政论》)

15·33　上分句用表因的连词,下分句又用表果的连词的:

> 由所杀蛇白帝子,杀者赤帝子,故上赤。(《史记·高祖本纪》)

> 高帝已定天下,为中国劳苦,故释佗弗诛。(《史记·南越列传》)

> 其子曰张挚……以不能取容当世,故终身不仕。(《史记·张释之冯唐列传》)

15·34　上分句用表因的连词,下分句不用表果的连词的:

> 以晏子短,楚人为小门于大门之侧而延晏子。(《晏子春秋·内篇杂下》)

> 牛山之木尝美矣,以其郊于大国也,斧斤伐之。(《孟子·告子上》)

> 左右以君贱之也,食以草具。(《战国策·齐策》)

> 孝子无姓名;人以其哑而孝也,谓之哑孝子。亦不悉为何里人;昆明人以其为孝子也,谓之昆明人。(刘大绅:《哑孝子传》)

15·35　有时副词“唯”字含有表示原因的意思,可以译

---

① 《列子·说符》:“杨子之邻人亡羊,既率其党,又请杨子之竖追之。杨子曰:嘻!亡一羊,何追者之众? 邻人曰:多歧路。既反,问:获羊乎? 曰:亡之矣。曰:奚亡之? 曰:歧路之中又有歧焉;吾不知所之,所以反也。” 这“所以”的用法,虽同于现代,可是《列子》这书的写作年代是很可怀疑的。

为"正因为"：

> 唯不信,故质其子。(《左传·昭公二十年》)

> 夫唯不争,故天下莫能与之争。(《老子》)

因此,上句若用"唯"（惟）,下句的"故"字都可不用：

> 王承恩者,怀宗之近侍也,宫人私向之问寇警。承恩曰："若居深禁,何用知此？"宫人曰："惟居深禁,不可不知而豫为计也。"（陆次云：《费宫人传》）

15·36 有些上分句既用表原因的连词,又用"也"字作一停顿,例已见上。这种用语气词"也"作停顿的分句,不用"因""以",也可以把表示原因之意衬托出来。

> 惩山北之塞,出入之迂也,聚室而谋曰……(《列子·汤问》)

> 操蛇之神闻之,惧其不已也,告之于帝。(同前)

> 故予与同社诸君子哀斯墓之徒有其石也,而为之记。（张溥：《五人墓碑记》）

15·37 也还有什么语词都不用的：

> 巫妪弟子,是女子也,不能白事；烦三老为入白之。

（褚少孙：《史记·滑稽列传补》）

因"巫妪弟子是女子",才肯定她们"不能白事"；因她们"不能白事",才"烦三老为入白之"。

这种因果关系,说话者不须着重指出。这种句子,在记叙句中有很多,也不必把它看成因果句。

九、解释句

15·38 解释句,便是先果后因的句子,解释是正意所在,所以仍是偏正句。

　　强秦之所以不敢加兵于赵者,徒以吾两人在也。
(《史记·廉颇蔺相如列传》)

　　吾所以为此者,以先国家之急而后私雠也。(同前)

上一句用"所以……者",下一句用"以……也"。下一句不用
"以"也可以。

　　臣所以去亲戚而事君者,徒慕君之高义也。(同前)

　　所以遣将守关者,备他盗之出入与非常也。(《史
记·项羽本纪》)

15·39　其实,上分句的"所以"不用也行,语气词
"者"字,在这里于表示提示之中,连贯下文,便带有把原因提
示出来的作用。

　　曹操比于袁绍,则名微而众寡。然操遂能克绍,以
弱为强者,非惟天时,抑亦人谋也。(《三国志·诸葛亮
传》)——下分句又是由联合句构成的。

如果表明原因仅此一个,"也"字可以改为"耳"或"而已":

　　又荆州之民附操者,偪兵势耳。(《资治通鉴》:赤壁
之战)

　　天下匈匈数岁者,徒以吾两人耳。(《史记·项羽本
纪》)

　　其卒能成功者,决心而已。(蔡元培:《成功与成仁》)

15·40　上一分句"所以""者"都不用,下一句一般用
"以……也""为……也"的格式:

　　先帝属将军以幼孤,寄将军以天下,以将军忠贤,能
安刘氏也。(《汉书·霍光传》)

出二子命之曰："鼻以上画有光,鼻以下画大姊。以二子肖母也。"（归有光:《先妣事略》）

舜不告而娶,为无后也。(《孟子·离娄上》)

仲尼曰:"始作俑者,其无后乎!"为其象人而用之也。(《孟子·梁惠王上》)

这种句法,倒装过来,便是先因后果句。因之(《汉书·霍光传》)的句例若一字不加增减,仅移动位置,便成为"先帝以将军忠贤,能安刘氏也,属将军以幼孤,寄将军以天下",一样通顺;但与原句相比,着重点显然有别。原句重在"将军忠贤,能安刘氏",改句重在"属将军以幼孤,寄将军以天下",都是重点在下一分句。可见汉语习惯,不但词序是重要的,句的次序也是重要的。也因为如此,下一分句有时连"以""为"诸字都不用也可以:

若事之不济,此乃天也。(《资治通鉴》:赤壁之战)

古者言之不出,耻躬之不逮也。(《论语·里仁》)

南方多没人,日与水居也。(苏轼:《日喻》)

凡学之不勤,必其志之尚未笃也。(王守仁:《示龙场诸生》)

15·41　但下分句也有用"为……故也"或"……故也"的,这"故"字解为"原故",则是名词了。

秦皇帝大怒,大索天下,求贼甚急,为张良故也。(《史记·留侯世家》)

殷礼,吾能言之,宋不足征也。文献不足故也。(《论语·八佾》)

莒溃,楚遂入郓;莒无备故也。(《左传·成公九年》)

郑之从楚，社稷之故也。(《左传·宣公十二年》)

窃以为与君实游处相好之日久，而议事每不合；所操之术多异故也。(王安石:《答司马谏议书》)

15·42　对于所说明的原因如不欲十分肯定，便可于分句之首用"盖"字：

丘也闻：有国有家者，不患寡而患不均，不患贫而患不安。盖均无贫，和无寡，安无倾。(《论语·季氏》)

孔子罕称命，盖难言之也。(《史记·外戚世家》)

屈原之作《离骚》，盖自怨生也。(《史记·屈原贾生列传》)

十、反转句

15·43　转折式属于偏正句之一类，有三种类型：反转句，让步句，进逼句。

反转句，上分句不用连词，下分句用"而""顾""抑""徒"诸字的，转折之意不重，用"但"的较重，用"然"的介于轻重之间，用"然而"则很重了。轻的反转，可用"却""可是""不过"诸词口译。

此百世之怨而赵之所羞，而王弗知恶焉。(《史记·平原君虞卿列传》)

孤不度德量力，欲信大义于天下；而智术浅短，遂用猖獗，至于今日。然志犹未已。(《三国志·诸葛亮传》)

帝复笑曰："卿非刺客，顾说客耳。"(《后汉书·马援传》)

今者薄暮，举网得鱼，巨口细鳞，状如松江之鲈；顾

安所得酒乎？（苏轼：《后赤壁赋》）

方予少时，尝有志出游天下，顾以学未成而不暇。（宋濂：《送天台陈庭学序》）

若圣与仁，则吾岂敢？抑为之不厌，诲人不倦，则可谓云尔已矣。（《论语·述而》）

子皙信美矣，抑子南，夫也。（《左传·昭公元年》）——子皙真漂亮，子南却是个丈夫（应该被我选做丈夫的意思）。

老贼欲废汉自立久矣，徒忌二袁、吕布、刘表与孤耳。（《资治通鉴》：赤壁之战）

初不中风，但失爱于叔父，故见罔耳。（《三国志·魏武帝纪注》）

公幹有逸气，但未道耳。（《三国志·吴质传》）

曹操比于袁绍，则名微而众寡。然操遂能克绍，以弱为强者，非惟天时，抑亦人谋也。（《三国志·诸葛亮传》）

臣与将军戮力而攻秦，将军战河北，臣战河南；然不自意能先入关破秦，得复见将军于此。（《史记·项羽本纪》）

予分当引决，然而隐忍以行。（文天祥：《指南录后序》）

夫环而攻之，必有得天时者矣；然而不胜者，是天时不如地利也。（《孟子·公孙丑下》）

此三臣者，岂不忠哉？然而不免于死。（《史记·李斯列传》）

还有用副词"犹"字表示转折的：

田横，齐之壮士耳，犹守义不辱。(《资治通鉴》：赤
壁之战)

四海无闲田，农夫犹饿死。(李绅:《悯农》)

十一、让步句

15·44 让步句，先用连词让步说一句，再转入正面意思。这种让步连词可用"虽"字。如果主语一致，句子不长，上下两谓语可以结合为一读：

夜半，童自转，以缚即炉火烧绝之，虽疮手勿惮。(柳
宗元:《童区寄传》)——虽疮手，然而勿惮。

果能此道矣，虽愚必明，虽柔必强。(《礼记·中庸》)

园日涉以成趣，门虽设而常关。(陶潜:《归去来辞》)

15·45 用"虽"字作上句的，下句仍可用"而""然"诸词，还有用副词"尚""犹"诸字的，但不用的多。下句的句型也有各式各样。用"而""然""然而""尚""犹"诸词的句例，如：

今父老子弟虽患苦我，然百岁后期令父老子孙思我
言。(褚少孙:《史记·滑稽列传补》)

灌婴虽少，然数力战，乃拜灌婴为中大夫。(《史
记·樊郦滕灌列传》)

楚虽有大富之名，而实空虚；其卒虽多，然而轻走易
北。(《史记·张仪列传》)

虽无老成人，尚有典刑。(《诗经·大雅·荡》)

若夫豪杰之士，虽无文王犹兴。(《孟子·尽心上》)

使其中有可欲者,虽锢南山犹有郤。(《史记·张释之冯唐列传》)

下分句不用"而""然"诸词的:

老妪力虽衰,请从吏夜归。(杜甫:《石壕吏》)

今虽死乎此,比吾乡邻之死则已后矣。(柳宗元:《捕蛇者说》)

虽我之死,有子存焉。(《列子·汤问》)

相如虽驽,独畏廉将军哉?(《史记·廉颇蔺相如列传》)——用反诘句。下两例同。

民欲与之皆亡,虽有台池鸟兽,岂能独乐哉?(《孟子·梁惠王上》)

齐国虽褊小,吾何爱一牛?(同前)

北虽貌敬,实则愤怒。(文天祥:《指南录后序》)——"貌""实"相反,又用"则"字。

如有并列的让步分句,便可并用几个"虽"字:

名誉虽高,宾客虽盛,所由殆与太伯延陵季子异矣。(《史记·张耳陈余列传》)

丞相尝使籍福请魏其城南田。魏其大望(怨),曰:"老仆虽弃(被弃),将军虽贵,宁可以势夺乎?"不许。(《史记·魏其武安侯列传》)

15·46　表示推拓的连词,除"虽"外,后起的还有"即"字"就"字:

即捕得三两头,又劣弱不中于款。(《聊斋志异·促织》)——下分句副词"又"兼与"即"相应。

即饥寒毒热不可忍,不去也。(宗臣:《报刘一丈书》)

就与孙刘不平,不过令吾不作三公而已。(《三国志·辛毗传》)——下分句兼用"不过"作一转折。

法孝直若在,则能制主上令不东行。就复东行,必不倾危矣。(《三国志·法正传》)

15·47　上句用"纵"字的,让步之意更重,因之下分句以问句形式表现的多:

吾纵生无益于人,吾可以死害于人乎哉?(《礼记·檀弓》)

纵江东父兄怜而王我,我何面目见之?纵彼不言,籍独无愧于心乎?(《史记·项羽本纪》)

民之憔悴久矣,纵勿能救,又忍加暴乎?(王若虚:《答张仲杰书》)

也有不用问句的:

今纵弗忍杀之,又听其邪说,不可。(《史记·张仪列传》)

明季诸生,布衣殉国者,只以名义所在,不可苟安,激于羞恶本心,以死遂志。其行若过当,其事若可已。纵令不死,亦不为大无义也。(陈祖范:《忠义辨》)

15·48　相当于"纵"的还有"正使""正":

正使死,何所惧?况不必死邪?(《三国志·高贵乡公纪注》)

善属文,举笔便成,无所改定,时人常以为宿构。然正复精意覃思,亦不能加也。(《三国志·王粲传》)

15·49　还有一种句子,有让步之意,不用表示让步之连词,却用一种主语和谓语相同的句法来表示,下分句仍用"而""抑""然"诸连词转接。口语也有这种句法,一看下例的译文便知。

死而死矣，而境界危恶，层见错出，非人世所堪。(文天祥:《指南录后序》)——死就死了，但是……

哀则哀矣，而难为继也。(《礼记·檀弓》)——悲哀真是悲哀了，但是别人难得学他呀！

多则多矣，抑君似鼠。(《左传·襄公二十三年》)——你的功劳多是多，可是你像个老鼠。

智襄子为室美，士茁夕焉。智伯曰:"室美夫!"对曰:"美则美矣，抑臣亦有惧也。"(《国语·晋语九》)

臣邻人之女设为不嫁，行年三十而有七子。不嫁则不嫁，然嫁过毕矣。(《战国策·齐策》)

也有下分句不用转折连词的:

王曰:"越国之中，富者吾安之，贫者吾予之;救其不足，裁其有余，使贫富皆利之，求以报吴;愿以此战。"

包胥曰:"善则善矣，未可以战也。"(《国语·吴语》)

15·50 "虽"字有时只用于简单句的主语上:

虽鸡狗不得宁焉。(柳宗元:《捕蛇者说》)

虽连城拱璧不啻也。(《聊斋志异·促织》)

有时这一"虽"字还可以不说，却仍可以看出其让步之意:

一箪食，一豆羹，得之则生，弗得则死。嘑尔而与之，行道之人弗受;蹴尔而与之，乞人不屑也。(《孟子·告子上》)

这"行道之人弗受"意思等于说"纵是行路的人都不会接受";"乞人不屑"也是说"纵是乞丐都不屑于要"。

十二、进逼句

15·51　进逼句,上分句有时用"犹""尚""且"诸副词,为下分句作势,然后以"况""何况""矧"诸连词进逼,作一反问句。上分句如较长,并有其他副词,"尚""犹"便不用。不然,则虽没有"尚""犹"诸字,也暗含有诸字的意思。如果下分句不用"况""矧"诸连词而用别的疑问词,上分句"尚""犹"诸字就要明白说出。这些"尚""犹"都相当于口语"还"。先看用"尚""犹"又用"况""矧"诸词的例子:

　　臣以为布衣之交尚不相欺,况六国乎?(《史记·廉颇蔺相如列传》)

　　且庸人尚羞之,况于将相乎?(同前)

　　夫千乘之王、万家之侯、百室之君,尚犹患贫,而况匹夫编户之民乎?(《史记·货殖列传》)

　　蔓草犹不可除,况君之宠弟乎?(《左传·隐公元年》)

　　困兽犹斗,况国相乎?(《左传·宣公十二年》)

　　汤之于伊尹,桓公之于管仲,则不敢召。管仲且犹不可召,而况不为管仲者乎?(《孟子·公孙丑下》)

　　中材已上且羞其行,况王者乎?(《史记·魏豹彭越列传》)

15·52　虽不用"尚""犹"诸词,却含有此意的:

　　一夫□不可狃,况国乎?(《左传·僖公十五年》)

　　虽得天下,吾□不生;兄与我齐国之政也?(《管子》)——"兄"字即"况"之假借字。

15·53　上分句不必含"尚""犹"之意的:

由此观之，君不行仁政而富之，皆弃于孔子者也；况于为之强战？（《孟子·离娄上》）

苏秦喟然叹曰："此一人之身，富贵则亲戚畏惧之，贫贱则轻之；况众人乎？"（《史记·苏秦列传》）

汝父为吏，则曰："此死狱也，我求其生不得尔。"吾曰："生可求乎？"曰："求其生而不得，则死者与我皆无恨也；矧求而有得耶？"（欧阳修：《陇冈阡表》）

15·54　以"况""矧"诸字起首的分句，一般只说出所要陈述的主要部分，其他一部分上分句已经出现，不再说。在无谓语节中已举数例，但那是指下分句的主语与上分句相同的而言。有时"况"字分句出现的不是上一分句的主语，却是上一句的宾语，然而仍可把它作主语看待，而说它暗藏着一个子句谓语：

吾未闻枉己而正人者也，况辱己以正天下者乎？（《孟子·万章上》）

下分句若说完全，则是"况辱己以正天下者，吾岂闻之乎"。

15·55　有时"况"字分句所出现的只是一分句，则另一分句仍可承上文补足。如：

以大夫之招招虞人，虞人死不敢往；以士之招招庶人，庶人岂敢往哉？况乎以不贤人之招招贤人乎？（《孟子·万章下》）

"况乎"下的"以不贤人之招招贤人"只是一副词性质的偏句，若把正句补足，便须加说："贤人岂肯往乎？"

还有"况"字分句所应补足者并不见于上文文意的：

郑驷歂杀邓析，而用其竹刑。君子谓……故用其道,不弃其人。《诗》云:"蔽芾甘棠,勿翦勿伐,召伯所茇。"思其人,犹爱其树;况用其道而不恤其人乎?(《左传·定公九年》)

"况用其道而不恤其人",意思是"此岂可为乎",或者"此岂可谓忠乎"。

也有把陈述内容都在"况"字分句说出的:

王必欲致士,先从隗始;况贤于隗者,岂远千里哉?(《史记·燕召公世家》)——岂以千里为远哉?

15·56 不用"况""矧"的分句,上分句一定要有"尚""且"诸副词,下分句陈述内容须全部或大部说出:

臣死且不避,卮酒安足辞?(《史记·项羽本纪》)——况卮酒乎?

民不乐生,尚不避死,安能避罪?(《汉书·董仲舒传》)——民尚不避死,况避罪乎?

今将军尚不得夜行,何乃故也?(《史记·李将军列传》)——现任的将军尚不得夜行,况前任的耶?

十三、假设句

15·57 假设句是偏正句条件式之一种,上分句是偏句,是正句的假设条件,下分句是正句。有些假设句是不用假设连词的,其假设之意,读者从文意中可以看出:

杀臣,宋莫能守,乃可攻也。(《墨子·公输》)——若杀臣……

城不入,臣请完璧归赵。(《史记·廉颇蔺相如列传》)——城若不入……

沛公不先破关中，公岂敢入乎？（《史记·项羽本纪》）——设使沛公不先破关中……

将军迎操，欲安所归乎？（《资治通鉴》：赤壁之战）——将军若迎操……

15·58　甚至有些假设句，因为不用假设连词，而且字数不多，便把上下两分句合为一读；一般有"则""即"诸连词表示上下两事的因果关系。

对曰："忠之属也。可以一战。战则请从。"（《左传·庄公十年》）

"战则请从"，意思是："若战，我则请从。"

仁则荣，不仁则辱。（《孟子·公孙丑上》）——如仁，则荣；如不仁，则辱。

思则得之，不思则不得也。（《孟子·告子上》）——如思，则得之；如不思，则不得也。

公徐行即免死，疾行则及祸。（《史记·项羽本纪》）——公如徐行，则免死；如疾行，则及祸。

若所假设之情况为上文之否定，仅用一"不"字，尤非与下分句连读不可：

王能使臣无拜，可矣；不即不见也。（《战国策·秦策》）——若不如此（必使臣下拜），则不见也。

有母弟，可立；不即立长。（《史记·鲁周公世家》）——若不立母弟，即立长子。

但也有连"则""即"诸连词都不用的：

无财作力，少有斗智，既饶争时。（《史记·货殖列传》）这三句的意思是：若无财，则作力；若少有，则斗智；若既饶，则争时。

15·59　一般的假设句在偏句中用假设连词,在正句中用"则"字。"则"字本来可以表示上下两事之相因:

　　向吾不为斯役,则久已病矣。(柳宗元:《捕蛇者说》)
　　若备与彼协心,上下齐同,则宜抚安,与结盟好。
(《资治通鉴》:赤壁之战)
　　当(倘)使虎豹失其爪牙,则人必制之矣。(《韩非子·人主》)
　　使用公知为政,则宜立学校之法于天下矣。(王安石:《周公论》)

下一分句,除"则"字外,还可以用其他的词与上分句相应:

　　如知其非义,斯速已矣,何待来年?(《孟子·滕文公下》)
　　使遂蚤得处囊中,乃颖脱而出,非特其末见而已。
(《史记·平原君列传》)

15·60　正句还可以用问句出之:(用着重号旁注的是假设连词,正句不复标注。)

　　若能以吴越之众与中国抗衡,不如早与之绝;若不能,何不按兵束甲北面而事之?(《资治之鉴》:赤壁之战)
　　苟如君言,刘豫州何不遂事之乎?(同前)
　　且使我有雒阳负郭田二顷,吾岂能佩相印乎?(《史记·苏秦列传》)
　　假设陛下居齐桓之处,将不合诸侯而匡天下乎?
(《汉书·贾谊传》)
　　假令仆伏法受诛,若九牛亡一毛,与蝼蚁何异?

（《汉书·司马迁传》）

15·61　正句也还有别的形式，如有用非常肯定语气的：

犹有鬼神，此必败也。（《左传·昭公二十七年》）——"犹"也是假设连词。

使天下无农夫，举世皆饿死矣。（郑燮：《范县署中寄弟墨》）

又有用否定语气的：

若使忧能伤人，此子不得复永年矣。（孔融：《论盛孝章书》）

但使龙城飞将在，不教胡马渡阴山。（王昌龄：《出塞诗》）

但使主人能醉客，不知何处是他乡。（李白：《客中作》）

又有用不定之辞的：

设使国家无有孤，不知当几人称帝几人称王。（《三国志·魏武帝纪注》）

又有用让步句的：

借使秦王计上世之事，并殷、周之迹，以制御其政，后虽有淫骄之主，而未有倾危之患也。（《史记·秦始皇本纪》）

苟非吾之所有，虽一毫而莫取。（苏轼：《赤壁赋》）

15·62　而且，偏句与正句之间，还容许插说一些必要的叙述语；而叙述语与正句，又构成按断式：

如使予欲富，辞十万而受万，是为欲富乎？（《孟子·公孙丑下》）

“辞十万而受万”是按，“是为欲富乎”又是断了。还有在假设句之下，各种句型并用的：

> 使弈秋诲二人弈（假设偏句），其一人专心致志，惟弈秋之为听（与下数句为联合句）；一人虽听之（让步偏句），一心以为有鸿鹄将至，思援弓缴而射之（两句连贯。自“其一人”至此为按）；虽与之俱学（又让步），弗若之矣（断）。（《孟子·告子上》）

又有一种句型：先按，次假设，然后断：

> 荆州与国邻接，江山险固，沃野万里，士民殷富（四句为联合句，作按语）；若据而有之（假设偏句），此帝王之资也（断）。（《资治通鉴》：赤壁之战）

> 王甚喜人之掩口也（按）；为（如）见王（假设偏句），必掩口（断）。（《韩非子·内储说》）

有时连用两个假设偏句：

> 如有周公之才之美，使骄且吝，其余不足观也已。（《论语·泰伯》）

15·63　在以上所举句例中，已见到一些假设连词。假设连词是很多的，但有两个特用的不可不论。一个“自”字，一定与“非”字合用；

> 自非亭午夜分，不见曦月。（郦道元：《水经注》）
> 自非圣人，外宁必有内忧。（《左传·成公十六年》）
> 自非大无道之世者，天尽欲扶持而安全之。（《汉书·董仲舒传》）
> 自非拜国君之命，胡尝扶杖出门乎？（《后汉书·郑玄传》）

15·64 另一个是"所"字,一定用于誓词中:

予所否者,天厌之!天厌之!(《论语·雍也》)——我若不存好心,天厌弃我,天厌弃我!

所不与舅氏同心者,有如白水!(《左传·僖公二十四年》)——我若不和你这位母舅同心协力,白水鉴之!

所不此报,无能涉河!(《左传·宣公十七年》)——如我不报此恨,不能再渡过此河!

15·65 除以上所举的假设连词外,副词"诚""信""必"诸字有时也起表示条件的作用;而这种条件是尚未成事实或者未必是事实的条件,因之,也可以说是假设的条件:

诚如是,则霸业可成,汉室可兴矣。(《三国志·诸葛亮传》)

今将军诚能命猛将统兵数万,与豫州协规同力,破操军必矣。(《资治通鉴》:赤壁之战)

诚如是也,民归之,由水之就下,沛然谁能御之?(《孟子·梁惠王上》)

信能行此五者,则邻国之民仰之若父母矣。(《孟子·公孙丑上》)

王必无人,臣愿奉璧往。(《史记·廉颇蔺相如列传》)

大王必欲急臣,臣头今与璧俱碎于柱矣。(同前)

必若是,我将伏剑而死。(《战国策·赵策》)

15·66 甚至时间词"今"字也可起表示假设条件的作用:

如其克谐,天下可定也。今不速往,恐为操所先。(《资治通鉴》:赤壁之战)

此无他,与民同乐也。今王与百姓同乐,则王矣。

（《孟子·梁惠王上》）

今不急下，吾烹太公。（《史记·项羽本纪》）

15·67　表提示与停顿的"者""也"两个语气词，在偏句之末，也可以起表示假定的作用：

冉求曰："非不说（悦）子之道，力不足也。"子曰："力不足者，中道而废。今女画！"（《论语·雍也》）——"力不足者"是"假若力不足的话"之意。

若入，前为寿。寿毕，请以剑舞，因击沛公于坐，杀之。不者，若属皆且为所虏。（《史记·项羽本纪》）——"不者"，等于说"不如此的话"。

卿能办之者，诚决。（《资治通鉴》：赤壁之战）

从我者，可全；不从我者，则杀汝姑。（《后汉书·列女传》）

失此利也，虽悔之，亦无及已。（《国语·越语上》）

文信侯不韦死，窃葬。其舍人临（吊丧而哭）者，晋人也（若是晋国人），逐出之。（《史记·秦始皇本纪》）

关东比岁不登，吏民以义收食贫民、入谷物助县官振赡者，已赐直（值）。其百万以上（捐款百万以上的），加赐爵右更；欲为吏，补三百石；其吏也（若捐助谷物赈灾的是吏），迁二等。（《汉书·成帝纪》）

笞者，箠长五尺，其本大一寸；其竹也（若是竹子做的），末薄半寸。（《汉书·刑法志》）

十四、修饰句

15·68　修饰句，上句表明下句行为的时间，或者上下两

个情况是相应的,上句似是表明下句的条件,两者都是起修饰作用。表时间的以分句起表时短语的作用,有时带表时副词:

令初下,群臣进谏。(《战国策·齐策》)——"令初下",表时间。

初一交战,操军不利,引次江北。(《资治通鉴》:赤壁之战)

既克,公问其故。(《左传·庄公十年》)

沛公居山东时,贪于财货,好美姬;今入关,财物无所取,妇女无所幸。(《史记·项羽本纪》)

"沛公居山东时"为表时短语,"今入关"却为表时分句。

初,鲁肃闻刘表卒,言于孙权曰……(《资治通鉴》:赤壁之战)——"鲁肃闻刘表卒"为下文所表的动作的时间。下两句同。

燕、赵、韩、魏闻之,皆朝于齐。(《战国策·齐策》)——"燕、赵、韩、魏闻之"为"朝齐"的修饰偏句。

南阳刘子骥,高尚士也,闻之,欣然规往。(陶潜:《桃花源记》)

15·69 有时在转入叙述情况句时,用"而"字表示承接:

自吾氏三世居是乡,积于今六十岁矣,而乡邻之生日蹙。(柳宗元:《捕蛇者说》)

到夏口,闻操已向荆州,晨夜兼道;比至南郡,而琮已降,备南走。(《资治通鉴》:赤壁之战)

前后两个情况相应的,亦可用"而"字承接:

二贵酋名曰馆伴,夜则以兵围所寓舍,而予不得归矣。(文天祥:《指南录后序》)

人有畏影恶迹而去之走者,举足愈数而迹愈多,走愈疾而影不离身。(《庄子·渔父》) ——人有畏影恶迹而想离开它逃跑的,提脚越密,脚迹越多,跑得愈快,而影不离身。

　　15·70　上句的两个"愈"字,虽然是副词,却同时起连接作用,再举两例:

　　秋风益高,暑气益衰。(柳宗元:《报袁君陈秀才避师书》)

　　奉之愈谨,信之益深。(夏竦:《洪州请断妖巫疏》)

　　也有只用一次"益""愈"诸词的,句型仍是一样:

　　少年闻之,愈益慕解之行。(《史记·游侠列传》)

　　诸将既经累捷,胆气益壮。(《后汉书·光武纪》)

　　秀才貌甚坚,辞甚强。仆自始觇,固奇秀才;及见两文,愈益奇。(柳宗元:《报袁君陈秀才避师书》)

　　15·71　这种句型,上句有用副词"每"字的,下句可用副词"辄"字相应,或用连词"则"字相承。

　　每责一头,辄倾数家之产。(《聊斋志异·促织》)

　　每闻琴瑟之声,则应节而舞。(同前)

　　还有上句用"一"的,则表示两事的紧接,有了上一事,下一事便紧接而来:

　　毛先生一至楚,而使赵重于九鼎大吕。(《史记·平原君列传》)

　　一出门,裘马过世家焉。(《聊斋志异·促织》)

　　相如一奋其气,威信(伸)敌国。(《史记·廉颇蔺相如列传》)

　　这种句子也常用紧缩式,如说"一泻千里""一落千丈",

又如：

王曰："此鸟不飞则已，一飞冲天；不鸣则已，一鸣惊人。"（《史记·滑稽列传》）

今置将不善，一败涂地。（《史记·高祖本纪》）——一败便至涂地。

十五、插说

15·72　另外，无论哪种句型，都允许其中插入有关的话，这种插说，若用双破折号标出，文意就较显明：

南阳刘子骥——高尚士也——闻之，欣然规往。（陶潜：《桃花源记》）

邻人京城氏之孀妻有遗男——始龀——跳往助之。（《列子·汤问》）

田横——齐之壮士耳——犹守义不辱；况刘豫州王室之胄，英才盖世，众士慕仰，若水之归海——若事之不济，此乃天也——安能复为之下乎？（《资治通鉴》：赤壁之战）

索 引

（一）本索引的编制，主要是为读者检查以虚词为主的重要词汇，另外也列入了本书中所见的一些重要术语。

（二）索引根据笔画排列，一个词汇有不同意义的，分别用①②标明。数码表示章和小节，与本文中各节前所标的数码相同，可据以检查。

词相应,在句末,表拟度12·5

耶 语气词 ①表停顿11·33 ②表疑问11·33,11·36—37 ③表反诘11·41

胡 疑问副词5·32

表敬副词 2·9,8·23—24

表态副词 2·9,8·8

表数副词 2·9,7·14—17

述说词 2·15

兹 指示词,近指5·14

结合式 3·4

结果句 15·2,15·29—37

结果补语 14·27

顺承连词 10·1,10·14—17

语 3·1

语助词 2·15

语法 1·1

语气词 2·12,11·1—47

复合句 3·11,15·1—71

复词 2·17—23

复数 5·12

复杂短语 3·6

复杂谓语 14·25

独 表数副词15·20

独有名词 4·2—3

虽 让步连词10·21,15·44—45

窃 表敬副词8·24

十 画

修饰句 15·2,15·68—71

倍数 7·10

倒装句 3·14,13·15

借使 假设连词15·61

莫 ①指示代词,无指5·19 ②否定副词,表禁止3·20

兼词 2·23

兼语 5·6

兼语式 14·34—39

恶 恶乎 疑问词5·36

匪 同"非","是"之否定8·15

奚 疑问词5·35

屑 表意志的助动词6·22

徒 转折连词,反转15·43

恁 兼词,"如此"也2·23

偌 兼词,"如此"也2·23

旁指 5·17,5·25

旁称 5·9

旃 指示代词,他指5·16

特指问句 11·36

益 表态副词,有时起连词作用15·70

盍 "盍"同,兼词,"何不"的合音2·23

能 ①表可能的助动词6·20 ②兼词,"如此"也2·23

辱 表敬副词8·23

宾语 14·17—24

中华书局出版的杨伯峻著作

书　名	装帧	字体	ISBN
论语译注（中国古典名著译注丛书）	平	繁	978-7-101-07024-8
论语译注（简体字本）	平	简	978-7-101-05419-4
论语译注（国民阅读经典）	精	简	978-7-101-08559-4
论语译注（大字本）	平	简	978-7-101-10720-3
论语译注（典藏版）	精	简	978-7-101-10778-4
论语译注（线装本）	线装	繁	978-7-101-09516-6
孟子译注（中国古典名著译注丛书）	平	繁	978-7-101-00397-0
孟子译注（简体字本）	平	简	978-7-101-06358-5
孟子译注（国民阅读经典）	精	简	978-7-101-08558-7
孟子译注（线装本）	线装	繁	978-7-101-10660-2
春秋左传注（中国古典名著译注丛书）	平	繁	978-7-101-07074-3
春秋左传词典	精	繁	978-7-101-08859-5
白话左传	平	简	978-7-101-11533-8
列子集释（新编诸子集成）	平	繁	978-7-101-09213-4
列子集释（中华国学文库）	精	简	978-7-101-08529-7
经子浅谈	平	简	978-7-101-11345-7
文言语法	平	简	978-7-101-11619-9
论语译注（随身本）	平	简	即出
孟子译注（典藏版）	精	简	即出
春秋左传注（中华国学文库）	精	简	即出